最高人民法院
典型案例汇编
（2019）

人民出版社

目录 CONTENTS

环境污染刑事案件典型案例 …… 001

生态环境保护典型案例 …… 015

全民国家安全教育典型案例 …… 037

2018 年中国法院 10 大知识产权案件和 50 件典型知识产权案例 …… 045

2018 年中国法院 10 大知识产权案件简介 …… 055

依法平等保护民营企业家人身财产安全十大典型案例 …… 077

保护未成年人权益十大优秀案例 …… 101

人民法院保障生态环境损害赔偿制度改革典型案例 …… 123

人民法院司法改革案例选编（六） …… 141

性侵害儿童犯罪典型案例 …… 179

考试作弊犯罪典型案例 189

2018年全国海事审判典型案例 199

非法利用信息网络罪、帮助信息网络犯罪活动罪典型案例 223

电信网络诈骗犯罪典型案例 231

行政协议案件典型案例 253

人民法院国家赔偿和司法救助典型案例 275

环境污染刑事案件典型案例

案例 1 宝勋精密螺丝（浙江）有限公司及被告人黄冠群等 12 人污染环境案

案例 2 上海印达金属制品有限公司及被告人应伟达等 5 人污染环境案

案例 3 上海云瀛复合材料有限公司及被告人贡卫国等 3 人污染环境案

案例 4 贵州宏泰化工有限责任公司及被告人张正文、赵强污染环境案

案例 5 刘土义、黄阿添、韦世榜等 17 人污染环境系列案

案例 1

宝勋精密螺丝(浙江)有限公司及被告人黄冠群等12人污染环境案

|基本案情|

2002年7月,被告单位宝勋精密螺丝(浙江)有限公司(以下简称宝勋公司)成立,经营范围包括生产销售建筑五金件、汽车高强度精密紧固件、精冲模具等,该公司生产中产生的废酸液及污泥为危险废物,必须分类收集后委托具有危险废物处置资质的单位处置。被告人黄冠群自2008年起担任宝勋公司副总经理,负责公司日常经营管理,被告人姜家清自2016年4月起直接负责宝勋公司酸洗污泥的处置工作。

2016年7月至2017年5月,被告单位宝勋公司及被告人黄冠群、姜家清违反国家关于危险废物管理的规定,在未开具危险废物转移联单的情况下,将酸洗污泥交给无危险废物处置资质的被告人李长红、涂伟东、刘宏桂进行非法处置。被告人李长红、涂伟东、刘宏桂通过伪造有关国家机关、公司印章,制作虚假公文、证件等方式,非法处置酸洗污泥。上述被告人通过汽车、船舶跨省运输危险废物,最终在江苏省淮安市、扬州市、苏州市,安徽省铜陵市非法倾倒、处置酸洗污泥共计1071吨。其中,2017年5月22日,被告人姜家清、李长红、涂伟东伙同被告人汪和平、汪文革、吴祖祥、朱凤华、查龙你等人在安徽省铜陵市经开区将62.88吨酸洗污泥倾倒在长江堤坝内,造成环境严重污染。案发后,经鉴定评估,上述被告人非法倾倒、处置酸洗污泥造成环境损害数额为 511 万余元，产生应急处置、生态环境修复、鉴定评估等费用共计 139 万余元。

此外，2017 年 6 月至 11 月，被告人李长红、涂伟东、刘宏桂、吴祖祥、朱凤华、查龙你等人在无危险废物处置资质的情况下，非法收集 10 余家江苏、浙江企业的工业污泥、废胶木等有毒、有害物质，通过船舶跨省运输至安徽省铜陵市江滨村江滩边倾倒。其中，倾倒废胶木 313 吨、工业污泥 2525 余吨，另有 2400 余吨工业污泥倾倒未遂。

| 诉讼过程 |

本案由安徽省芜湖市镜湖区人民检察院于 2018 年 7 月 16 日以被告单位宝勋公司以及被告人黄冠群、姜家清、李长红、涂伟东等 12 人犯污染环境罪向安徽省芜湖市镜湖区人民法院提起公诉。2018 年 9 月 28 日，镜湖区法院依法作出一审判决，认定被告单位宝勋公司犯污染环境罪，判处罚金 1000 万元；被告人黄冠群犯污染环境罪，判处有期徒刑六年，并处罚金 20 万元；被告人姜家清犯污染环境罪，判处有期徒刑五年九个月，并处罚金 20 万元；判处被告人李长红等 10 人犯污染环境罪，判处有期徒刑六年至拘役四个月不等，并处罚金。一审宣判后，被告单位宝勋公司和被告人黄冠群等人提出上诉。2018 年 12 月 5 日，安徽省芜湖市中级人民法院二审裁定驳回上诉，维持原判。判决已生效。

| 典型意义 |

长江是中华民族的母亲河，也是中华民族发展的重要支撑。推动长江经济带发展是党中央作出的重大决策，是关系国家发展全局的重大战略。服务长江生态高水平保护和经济社会高质量发展，为长江经济带共抓大保护、不搞大开发提供有力保障，是公安司法机关肩负的重大政治责任、社会责任和法律责任。司法实践中，对发生在长江经济带十一省（直辖市）的跨省（直辖市）排放、倾倒、处置有放射性的废物、含传染病病原体的废物、有毒物质或者其他有害物质的环境污染犯罪行为,应当依法从重处罚。

本案中,被告单位宝勋公司及被告人黄冠群等 12 人在江苏、浙江、安徽等地跨省运输、转移危险废物,并在长江流域甚至是长江堤坝内倾倒、处置,危险废物数量大,持续时间长,给长江流域生态环境造成严重危害。涉案地办案机关加强协作配合,查清犯罪事实,对被告单位宝勋公司及被告人黄冠群等 12 人依法追究刑事责任,在办理长江经济带跨省(直辖市)环境污染案件,守护好长江母亲河方面具有典型意义。

案例 2

上海印达金属制品有限公司及被告人应伟达等 5 人污染环境案

| 基本案情 |

被告单位上海印达金属制品有限公司(以下简称印达公司),被告人应伟达系印达公司实际经营人,被告人王守波系印达公司生产部门负责人。

印达公司主要生产加工金属制品、小五金、不锈钢制品等,生产过程中产生的废液被收集在厂区储存桶内。2017 年 12 月,被告人应伟达决定将储存桶内的废液交予被告人何海瑞处理,并约定向其支付 7000 元,由王守波负责具体事宜。后何海瑞联系了被告人徐鹏鹏,12 月 22 日夜,被告人徐鹏鹏、徐平平驾驶槽罐车至公司门口与何海瑞会合,经何海瑞与王守波联系后进入公司抽取废液,三人再驾车至上海市青浦区白鹤镇外青松公路、鹤吉路西 100 米处,先后将约 6 吨废液倾倒至该处市政窨井内。经青浦区环保局认定,倾倒物质属于有腐蚀性的危险废物。

| 诉讼过程 |

本案由上海铁路运输检察院于 2018 年 5 月 9 日以被告人应伟达、王守波等 5 人犯污染环境罪向上海铁路运输法院提起公诉。在案件审理过程中,上海铁路运输检察院对被告单位印达公司补充起诉。2018 年 8 月 24 日,上海铁路运输法院依法作出判决,认定被告单位印达公司犯污染环境罪,判处罚金

10 万元;被告人应伟达、王守波等 5 人犯污染环境罪,判处有期徒刑一年至九个月不等,并处罚金。判决已生效。

| 典型意义 |

准确认定单位犯罪并追究刑事责任是办理环境污染刑事案件中的重点问题,一些地方存在追究自然人犯罪多,追究单位犯罪少,单位犯罪认定难的情况和问题。司法实践中,经单位实际控制人、主要负责人或者授权的分管负责人决定、同意,实施环境污染行为的,应当认定为单位犯罪,对单位及其直接负责的主管人员和其他直接责任人员均应追究刑事责任。

本案中,被告人应伟达系印达公司实际经营人,决定非法处置废液,被告人王守波系印达公司生产部门负责人,直接负责废液非法处置事宜。本案中对被告单位印达公司及其直接负责的主管人员和其他直接责任人员被告人应伟达、王守波同时追究刑事责任,在准确认定单位犯罪并追究刑事责任方面具有典型意义。

案例 3

上海云瀛复合材料有限公司及被告人贡卫国等 3 人污染环境案

基本案情

被告单位上海云瀛复合材料有限公司(以下简称云瀛公司)在生产过程中产生的钢板清洗废液,属于危险废物,需要委托有资质的专门机构予以处置。被告人乔宗敏系云瀛公司总经理,全面负责日常生产及管理工作,被告人陶薇系云瀛公司工作人员,负责涉案钢板清洗液的采购和钢板清洗废液的处置。

2016 年 3 月至 2017 年 12 月,被告人乔宗敏、陶薇在明知被告人贡卫国无危险废物经营许可资质的情况下,未填写危险废物转移联单并经相关部门批准,多次要求被告人贡卫国将云瀛公司产生的钢板清洗废液拉回常州市并处置。2017 年 2 月至 12 月,被告人贡卫国多次驾驶卡车将云瀛公司的钢板清洗废液非法倾倒于常州市新北区春江路与辽河路交叉口附近污水井、常州市新北区罗溪镇黄河西路等处;2017 年 12 月 30 日,被告人贡卫国驾驶卡车从云瀛公司运载钢板清洗废液至常州市新北区黄河西路 685 号附近,利用塑料管引流将钢板清洗废液非法倾倒至下水道,造成兰陵河水体被严重污染。经抽样检测,兰陵河增光桥断面河水超过 IV 类地表水环境质量标准。被告人贡卫国非法倾倒涉案钢板清洗废液共计 67.33 吨。

|诉讼过程|

本案由江苏省常州市武进区人民检察院于2018年8月9日以被告单位云瀛公司以及被告人贡卫国等3人犯污染环境罪向江苏省常州市武进区人民法院提起公诉。2018年12月17日,武进区法院作出判决,认定被告单位云瀛公司犯污染环境罪,判处罚金30万元;被告人贡卫国犯污染环境罪,判处有期徒刑一年三个月,并处罚金5万元;被告人乔宗敏犯污染环境罪,判处有期徒刑一年,缓刑二年,并处罚金5万元;被告人陶薇犯污染环境罪,判处有期徒刑一年,缓刑二年,并处罚金5万元;禁止被告人乔宗敏、陶薇在缓刑考验期内从事与排污工作有关的活动。判决已生效。

|典型意义|

准确认定犯罪嫌疑人、被告人的主观过错是办理环境污染刑事案件中的重点问题。司法实践中,判断犯罪嫌疑人、被告人是否具有环境污染犯罪的故意,应当依据犯罪嫌疑人、被告人的任职情况、职业经历、专业背景、培训经历、本人因同类行为受到行政处罚或刑事追究情况,以及污染物种类、污染方式、资金流向等证据,结合其供述,进行综合分析判断。

本案中,被告人乔宗敏、陶薇明知本单位产生的危险废物需要有资质的单位来处理,且跨省、市区域转移需填写危险废物转移联单并经相关部门批准,仍通过与有资质的单位签订合同但不实际处理,多次要求被告人贡卫国将云瀛公司产生的钢板清洗废液拉回常州市并处置,放任对环境造成危害。被告人贡卫国在无危险废物经营许可资质的情况下,跨省、市区域运输危险废物并非法倾倒于常州市内污水井、下水道中,严重污染环境。上述3名被告人均具有环境污染犯罪的故意。本案在准确认定犯罪嫌疑人、被告人的主观过错方面具有典型意义。

案例 4

贵州宏泰化工有限责任公司及被告人张正文、赵强污染环境案

|基本案情|

被告单位贵州宏泰化工有限责任公司(以下简称宏泰公司),经营范围为重晶石开采和硫酸钡、碳酸钡、硝酸钡生产销售等。被告人张正文自 2014 年起任宏泰公司副总经理兼办公室主任,协助总经理处理全厂日常工作。被告人赵强自 2014 年起任宏泰公司环保专员,主管环保、消防等工作。

宏泰公司主要业务之一为生产化工原料碳酸钡,生产产生的废渣有氮渣和钡渣。氮渣属一般废弃物,钡渣属危险废物。宏泰公司在贵州省紫云自治县猫营镇大河村租赁土地堆放一般废弃物氮渣,将危险废物钡渣销往有危险废物经营许可证资质的企业进行处置。2014 年底,因有资质企业经营不景气,加之新的环境保护法即将实施,对危险废物管理更加严格,各企业不再向宏泰公司购买钡渣,导致该公司厂区内大量钡渣留存,无法处置。被告人张正文、赵强在明知钡渣不能随意处置的情况下,通过在车箱底部垫钡渣等方式在氮渣内掺入钡渣倾倒在氮渣堆场,并且借安顺市某环保砖厂名义签署工业废渣综合利用协议,填写虚假的危险废物转移联单,应付环保行政主管部门检查。2015 年 10 月 19 日至 23 日,环保部西南督查中心联合贵州省环保厅开展危险废物污染防治专项督查过程中,查获宏泰公司的违法行为。经测绘,宏泰公司废渣堆场堆渣量为 72194 立方米,废渣平均密度为 1250 千克/立方米,堆

渣量达 90242.5 吨。经对堆场废渣随机抽取的 50 个样本进行检测,均检出钡离子,其中两个样本检测值超过 100mg/L。

|诉讼过程|

本案由贵州省安顺市平坝区人民检察院以被告单位宏泰公司及被告人赵强犯污染环境罪向贵州省安顺市平坝区人民法院提起公诉,后又以被告人张正文犯污染环境罪向平坝区法院追加起诉。2017 年 11 月 23 日,平坝区法院依法作出判决,认定被告单位宏泰公司犯污染环境罪,判处罚金 100 万元;被告人张正文犯污染环境罪,判处有期徒刑三年,缓刑三年,并处罚金 2000 元;被告人赵强犯污染环境罪,判处有期徒刑三年,缓刑三年,并处罚金 2000 元。判决已生效。

|典型意义|

准确认定非法排放、倾倒、处置行为是办理环境污染刑事案件中的重点问题。司法实践中认定非法排放、倾倒、处置行为时,应当根据法律和司法解释的有关规定精神,从其行为方式是否违反国家规定或者行业操作规范、污染物是否与外环境接触、是否造成环境污染的危险或者危害等方面进行综合分析判断。对名为运输、贮存、利用,实为排放、倾倒、处置的行为应当认定为非法排放、倾倒、处置行为,依法追究刑事责任。

本案中,被告单位宏泰公司及被告人张正文、赵强在明知危险废物钡渣不能随意处置的情况下,仍在氮渣内掺入钡渣倾倒在氮渣堆场,名为运输、贮存、利用,实为排放、倾倒、处置,放任危险废物流失、泄漏,严重污染环境。本案在准确认定非法排放、倾倒、处置行为方面具有典型意义。

案例 5

刘土义、黄阿添、韦世榜等 17 人污染环境系列案

| 基本案情 |

被告人刘尾系广东省博罗县加得力油料有限公司的实际投资人和控制人,被告人黄阿添系该公司法定代表人。自 2016 年起,两被告人明知被告人刘土义没有处置废油的资质,仍将 3192 吨废油交给刘土义处理。

被告人黄应顺系广东省佛山市泽田石油科技有限公司的法定代表人。自 2016 年 11 月起,黄应顺为获取 600 元/车的装车费,擅自决定将存放在公司厂区近 100 吨废油交给刘土义处理。

被告人关伟平、冯耀明系广东省东莞市道滘镇鸿海润滑油经营部的合伙人。2017 年 2 月,两被告人将加工过程中产生的酸性废弃物 29.63 吨交给刘土义处置。

除上述企业提供的废油外,被告人刘土义还联系广东其他企业提供废油,然后由被告人柯金水、韦苏文联系车辆将废油运送至广西壮族自治区来宾市兴宾区、武宣县、象州县等地,被告人韦世榜负责找场地堆放、倾倒、填埋。被告人梁全邦、韦武模应被告人韦世榜的要求,负责在武宣县境内寻找场地堆放废油并组织人员卸车,从中获取卸车费。被告人韦文林、张东来等 5 人应被告人韦世榜的要求,负责在象州县境内寻找场地倾倒废油并收取酬劳。

此外,被告人柯金水、韦世榜在武宣县境内建造炼油厂,从广东省运来 30

吨废油提炼沥青，提炼失败后，两被告人将13吨废油就地丢弃，其余废油转移至位于来宾市兴宾区的韦世榜炼油厂堆放，之后被告人柯金水又联系被告人刘土义将废油运至韦世榜的炼油厂堆放。在该堆放点被查处后，被告人柯金水、韦世榜决定将废油就地填埋。

经现场勘验及称量，本案中被告人在兴宾区、武宣县、象州县倾倒、填埋、处置的废油共计6651.48吨，需要处置的污染废物共计10702.95吨，造成直接经济损失3217.05万元，后续修复费用45万元。

| 诉讼过程 |

刘土义、黄阿添、韦世榜等17人污染环境系列案由广西壮族自治区武宣县人民检察院向广西壮族自治区武宣县人民法院提起公诉。武宣法院依法作出一审判决，认定被告人刘土义犯污染环境罪，判处有期徒刑五年，并处罚金100万元；被告人黄阿添犯污染环境罪，判处有期徒刑四年，并处罚金80万元；被告人韦世榜犯污染环境罪，判处有期徒刑四年，并处罚金20万元；其余被告人犯污染环境罪，判处有期徒刑四年至拘役三个月缓刑六个月不等，并处罚金。一审宣判后，被告人刘尾、黄阿添、柯金水、梁全邦提出上诉。2018年7月18日，广西壮族自治区来宾市中级人民法院作出二审判决，驳回黄阿添、柯金水、梁全邦的上诉。鉴于刘尾主动交纳400万元给当地政府用于处置危险废物，二审期间又主动缴纳罚金80万元，交纳危险废物处置费20万元，认罪态度好，确有悔罪表现，认定刘尾犯污染环境罪，判处有期徒刑三年，缓刑四年，罚金80万元。判决已生效。

| 典型意义 |

当前，有的地方已经形成分工负责、利益均沾、相对固定的危险废物非法经营产业链，具有很大的社会危害性。司法实践中，公安司法机关要高度重视此类型案件的办理，坚持全链条、全环节、全流程对非法排放、倾倒、处置、经营危险废物的产业链进行刑事打击，查清犯罪网络，深挖犯罪源头，斩断利益链条，不断挤压和铲除其滋生蔓延的空间。

本案中，被告人刘土义等 17 人形成了跨广东、广西两省区的非法排放、倾倒、处置、经营危险废物产业链，有的被告人负责提供废油，有的被告人负责收集运输废油，有的被告人负责寻找场所堆放、倾倒、填埋废油，废油数量大，持续时间长，涉及地区广，严重污染当地环境。本案在深挖、查实并依法惩处危险废物非法经营产业链方面具有典型意义。

生态环境保护典型案例

案例 1 被告人董传桥等 19 人污染环境案

案例 2 被告人卓文走私珍贵动物案

案例 3 东莞市沙田镇人民政府诉李永明固体废物污染责任纠纷案

案例 4 韩国春与中国石油天然气股份有限公司吉林油田分公司水污染责任纠纷案

案例 5 常州德科化学有限公司诉原江苏省环境保护厅、原中华人民共和国环境保护部及光大常高新环保能源(常州)有限公司环境评价许可案

案例 6 杨国先诉桑植县水利局水利行政协议及行政赔偿案

案例 7 江苏省人民政府诉安徽海德化工科技有限公司生态环境损害赔偿案

案例 8 中国生物多样性保护与绿色发展基金会诉秦皇岛方圆包装玻璃有限公司大气污染责任民事公益诉讼案

案例 9 铜仁市人民检察院诉贵州玉屏湘盛化工有限公司、广东韶关沃鑫贸易有限公司土壤污染责任民事公益诉讼案

案例 10 江苏省宿迁市宿城区人民检察院诉沭阳县农业委员会不履行林业监督管理法定职责行政公益诉讼案

案例 1

被告人董传桥等 19 人污染环境案

|基本案情|

2015 年 2 月,被告人董传桥将应由黄骅市津东化工有限公司处置的废碱液交由没有资质的被告人刘海生处置。后刘海生联系被告人刘永辉租用被告人李桂钟停车场场地,挖设隐蔽排污管道,连接到河北省蠡县城市下水管网,用于排放废碱液。2015 年 2 月至 5 月,董传桥雇佣被告人石玉国等,将 2816.84 吨废碱液排放至挖设的排污管道,并经案涉暗道流入蠡县城市下水管网。同时,从 2015 年 3 月起,被告人高光义等明知被告人娄贺无废盐酸处置资质,将回收的废盐酸交由娄贺处置。娄贺又将废盐酸交由无资质的被告人张锁等人处置。张锁、段青松等人又联系李桂钟,商定在其停车场内经案涉暗道排放废盐酸。2015 年 5 月 16、17 日,石玉国等人经案涉暗道排放 100 余吨废碱液至城市下水管网。同月 18 日上午,张锁等人将 30 余吨废盐酸排放至案涉暗道。下午 1 时许,停车场及周边下水道大量废水外溢,并产生大量硫化氢气体,致停车场西侧经营饭店的被害人李强被熏倒,经抢救无效死亡。经鉴定,本案废碱液与废盐酸结合会产生硫化氢,并以气体形式逸出;李强符合硫化氢中毒死亡。

|裁判结果|

河北省蠡县人民法院一审认为,案涉废碱液、废盐酸均被列入《国家危险废物名录》,属危险废物。被告人董传桥等违反国家规定,非法处置、排放有毒物质,严重污染环境。其行为均已构成污染环境罪。董传桥等人非法排放废碱液,娄贺等人非法排放废盐酸,均对李强硫化氢中毒死亡这一结果的发生起到了决定性的作用,应对李强的死亡结果承担刑事责任。根据各被告人的犯罪事实、情节和社会危害性,一审法院判决被告人董传桥等犯污染环境罪,判处有期徒刑七年至二年不等,并处罚金。河北省保定市中级人民法院二审对一审刑事判决部分予以维持。

|典型意义|

本案系污染环境致人死亡案件。危险废物具有腐蚀性、毒性、易燃性、反应性、感染性等危险特性,收集、贮存或处置不当,不仅严重威胁生态环境安全,更可能直接危及人体健康甚至生命。近年来,非法处置危险废物现象屡禁不绝,环境风险日益凸显。面对环境污染犯罪呈现的大幅增长态势,坚持最严格的环保司法制度、最严密的环保法治理念,加大对环境污染犯罪的惩治力度,服务保障打好打赢污染防治攻坚战,是人民法院审判工作的重要职责。本案中,被告人董传桥等挖设隐蔽排污管道,将废碱液排放至城市下水管网,被告人张锁等利用同一暗道排放废盐酸,造成一人死亡的特别严重后果。人民法院全面贯彻宽严相济刑事政策,充分发挥环境资源刑事审判的惩治和教育功能,结合各被告人犯罪事实、情节和社会危害性,依法认定提供、运输、排放、倾倒、处置等环节各被告人的刑事责任,从重判处刑罚。本案的审理和判决对于斩断危险废物非法经营地下产业链条、震慑潜在的污染者具有典型意义。

案例 2

被告人卓文走私珍贵动物案

|基本案情|

2015 年 7 月,另案被告人李伟文根据被告人卓文的指使携带两个行李箱,乘坐飞机抵达广州白云机场口岸,并选择无申报通道入境,未向海关申报任何物品。海关关员经查验,从李伟文携带的行李箱内查获乌龟 259 只。经鉴定,上述乌龟分别为地龟科池龟属黑池龟 12 只、地龟科小棱背龟属印度泛棱背龟 247 只,均属于受《濒危野生动植物种国际贸易公约》附录 I 保护的珍贵动物,价值共计 647.5 万元。

|裁判结果|

广东省广州市中级人民法院一审认为,被告人卓文无视国家法律,逃避海关监管,指使他人走私国家禁止进出口的珍贵动物入境,其行为已构成走私珍贵动物罪,且情节特别严重。一审法院判决卓文犯走私珍贵动物罪,判处有期徒刑十二年,并处没收个人财产 20 万元。广东省高级人民法院二审维持一审判决。

|典型意义|

本案系走私《濒危野生动植物种国际贸易公约》附录所列珍贵动物的犯罪案件。生物多样性是人类生存和发展的必要条件,野生动植物种是生物多样性的重要组成部分。没有买卖,就没有杀戮。保护野生动植物是全人类的共同责任。我国作为《濒危野生动植物种国际贸易公约》的缔约国,积极履行公约规定的国际义务,严厉打击濒危物种走私违法犯罪行为。本案中,被告人卓文违反国家法律及海关法规,逃避海关监管,指使他人非法携带国家禁止进出口的珍贵动物入境。人民法院依法认定其犯罪情节特别严重,判处刑罚,彰显了人民法院依法严厉打击和遏制破坏野生动植物资源犯罪的坚定决心。本案的审理和判决对于教育警示社会公众树立法律意识,自觉保护生态环境尤其是野生动植物资源,具有较好的示范作用。

案例 3

东莞市沙田镇人民政府诉李永明固体废物污染责任纠纷案

|基本案情|

生效刑事判决认定,2016 年 3 月至 5 月,李永明违反国家规定向沙田镇泥洲村倾倒了约 60 车 600 吨重金属超标的电镀废料,严重污染环境,其行为已构成污染环境罪。2016 年 7 月至 9 月,东莞市沙田镇人民政府(以下简称沙田镇政府)先后两次委托检测机构对污染项目进行检测,分别支出检测费用 17500 元、31650 元。2016 年 8 月至 9 月,东莞市环境保护局召开专家咨询会,沙田镇政府为此支付专家评审费 13800 元。沙田镇政府委托有关企业处理电镀废料共支出 2941000 元。2016 年 12 月,经对案涉被污染地再次检测,确认重金属含量已符合环保要求,暂无需进行生态修复,沙田镇政府为此支付检测费用 19200 元。沙田镇政府委托法律服务所代理本案,支付法律服务费 39957 元。

|裁判结果|

广东省东莞市第二人民法院一审认为,沙田镇政府为清理沙田镇泥洲村渡口边的固体废物支出检测费用 68350 元、专家评审费 13800 元、污泥处理费 2941000 元,以上合计 3023150 元。沙田镇政府系委托具有资质的公司或个人来处理对应事务,并提交了资质文件、合同以及付款单据予以证明。李永明倾倒的固体废物数量占沙田镇政府已处理的固体废物总量的 25.6%，故李永明按照比例应承担的损失数额为 773926.4 元。沙田镇政府为本案支出的法律服务费亦应由李永明承担。沙田镇政府对于侵权行为的发生及其损害结果均不存在过错。一审法院判决李永明向沙田镇政府赔偿电镀废料处理费、检测费、专家评审费 773926.4 元，法律服务费 39957 元。广东省东莞市中级人民法院二审判决李永明向沙田镇政府赔偿电镀废料处理费、检测费、专家评审费 773926.4 元。

典型意义

本案系固体废物污染责任纠纷。生态环境是人民群众健康生活的重要因素，也是需要刑事和民事法律共同保护的重要法益。生效刑事判决审理查明的事实，在无相反证据足以推翻的情况下，可以作为民事案件认定事实的根据。本案审理法院正确适用《中华人民共和国环境保护法》，在依法惩治污染环境罪的同时，对于沙田镇政府处理环境污染产生的损失依法予以支持，体现了“谁污染、谁治理”的原则，全面反映了污染环境犯罪成本，起到了很好的震慑作用。本案对于责任的划分，特别是对地方政府是否存在监管漏洞、处理环境污染是否及时的审查判断，也起到了一定的规范、指引作用。本案的审理和判决对于教育企业和个人依法生产、督促政府部门加强监管有着较好的推动和示范作用。

案例 ④

韩国春与中国石油天然气股份有限公司吉林油田分公司水污染责任纠纷案

|基本案情|

韩国春与宝石村委会于1997年签订《承包草沟子合同书》后,取得案涉鱼塘的承包经营权,从事渔业养殖。2010年9月9日,中国石油天然气股份有限公司吉林油田分公司(以下简称中石油吉林分公司)位于韩国春鱼塘约一公里的大-119号油井发生泄漏,泄漏的部分原油随洪水下泄流进韩国春的鱼塘。中石油吉林分公司于9月14日至19日在污染现场进行了清理油污作业。大安市渔政渔港监督管理站委托环境监测站作出的水质监测报告表明,鱼塘石油含量严重超标,水质环境不适合渔业养殖。韩国春请求法院判令中石油吉林分公司赔偿3015040.36元经济损失,包括2010年养鱼损失、2011年未养鱼损失、鱼塘围坝修复及注水排污费用。

|裁判结果|

吉林省白城市中级人民法院一审认为,本案应适用一般侵权归责原则,韩国春未能证明损害事实及因果关系的存在,故判决驳回其诉讼请求。吉林省高级人民法院二审认为,韩国春未能证明三次注水排污事实的发生,未能证明鱼塘围坝修复费用、2011年未养鱼损失与中石油吉林分公司污染行为之间的因果关系,故仅改判支持其2010年养鱼损失1058796.25元。最高人民法院再审认为,本案系因原油泄漏使鱼塘遭受污染引发的环境污染侵权责任纠纷。韩国春举证证明了中石油吉林分公司存在污染行为,鱼塘因污染而遭受损害的事实及原油污染与损害之间具有关联性,完成了举证责任;中石油吉林分公司未能证明其排污行为与韩国春所受损害之间不存在因果关系,应承担相应的损害赔偿责任。排放污染物行为,不限于积极的投放或导入污染物质的行为,还包括伴随企业生产活动的消极污染行为。中石油吉林分公司是案涉废弃油井的所有者,无论是否因其过错导致废弃油井原油泄漏流入韩国春的鱼塘,其均应对污染行为造成的损失承担侵权损害赔偿责任。洪水系本案污染事件发生的重要媒介以及造成韩国春 2010 年养鱼损失的重要原因,可以作为中石油吉林分公司减轻责任的考虑因素。综合本案情况,改判中石油吉林分公司赔偿韩国春经济损失 1678391. 25 元。

| 典型意义 |

本案系因原油泄漏致使农村鱼塘遭受污染引发的环境污染侵权责任纠纷。司法服务保障农业农村污染治理攻坚战是司法服务保障污染防治攻坚战的重要组成部分,也是司法服务保障乡村振兴战略的重要任务,对于依法解决农业农村突出生态环境问题具有重要意义。本案重申了此类案件双方当事人的举证责任,明确了“排放污染物行为”,不限于积极的投放或导入污染物质的行为,还包括伴随企业生产活动的消极污染行为,并对多种因素造成侵权结果的规则进行了探索。本案的正确审理,体现了环境司法协调平衡保障民生与发展经济之间的关系,既保护了被侵权人的合法权益,体现了对农业水产健康养殖的司法保障,同时也对督促石油企业履行更高的注意义务具有一定的指引作用。

案例 5

常州德科化学有限公司诉原江苏省环境保护厅、原中华人民共和国环境保护部及光大常高新环保能源(常州)有限公司环境评价许可案

|基本案情|

光大常高新环保能源(常州)有限公司(以下简称光大公司)拟在江苏省常州市投资兴建生活垃圾焚烧发电 BOT 项目。2014 年,光大公司向原江苏省环境保护厅(以下简称江苏省环保厅)报送《环境影响报告书》《技术评估意见》《预审意见》等材料,申请环境评价许可。江苏省环保厅受理后,先后发布受理情况及拟审批公告,并经审查作出同意项目建设的《批复》。常州德科化学有限公司(以下简称德科公司)作为案涉项目附近经营范围为化妆品添加剂制造的已处于停产状态的企业,不服该《批复》,向原中华人民共和国环境保护部(以下简称环境保护部)申请行政复议。环境保护部受理后,向江苏省环保厅发送《行政复议答复通知书》《行政复议申请书》等材料,并向原江苏省常州市环境保护局发送《委托现场勘验函》。环境保护部在收到《行政复议答复书》《现场调查情况报告》后,作出维持《批复》的《行政复议决定书》。

|裁判结果|

江苏省南京市中级人民法院一审认为,德科公司位于案涉项目附近,其认

为《批复》对生产经营有不利影响，有权提起行政诉讼，具有原告主体资格。案涉项目环评编制单位和技术评估单位均是具有甲级资质的独立法人，在《环境影响报告书》编制期间，充分保障了公众参与权。江苏省环保厅依据光大公司报送的《环境影响报告书》《技术评估意见》《预审意见》等材料，进行公示、发布公告，并根据反馈情况经审查后作出《批复》，并不违反相关规定。环境保护部作出的案涉行政复议行为亦符合行政复议法及实施条例的规定。一审法院判决驳回德科公司的诉讼请求。江苏省高级人民法院二审认为，江苏省环保厅在审批《环境影响报告书》时已经履行了对项目选址、环境影响等问题的审查职责，故判决维持一审判决。最高人民法院再审审查认为，德科公司并非案涉项目厂界周围的环境敏感保护目标，且当时处于停产状态，没有证据证明德科公司与光大公司之间就案涉环境保护行政许可存在重大利益关系。案涉项目环评过程中保障了公众参与权，江苏省环保厅在作出环境评价许可过程中履行了对项目选址、污染物排放总量平衡等问题的审查职责，亦未侵犯德科公司的权利。江苏省环保厅的环境评价许可行政行为、环境保护部的行政复议行为均符合相关法律、法规的规定。最高人民法院裁定驳回德科公司的再审申请。

|典型意义|

本案所涉项目系生活垃圾焚烧发电项目，对社会整体有益，但也可能对周围生态环境造成一定影响。此类项目周边的居民或者企业往往会对项目可能造成的负面影响心存担忧，不希望项目建在其附近，由此形成“邻避”困境。随着我国城市化和工业化进程，“邻避”问题越来越多，“邻避”冲突逐渐呈现频发多发趋势。本案的审理对于如何依法破解“邻避”困境提供了解决路径。即对于此类具有公共利益性质的建设项目，建设单位应履行信息公开义务，政府行政主管部门应严格履行监管职责，充分保障公众参与权，尽可能防止或者减轻项目对周围生态环境的影响；当地的公民、法人及其他组织则应依照法律规定行使公众参与权、维护自身合法环境权益。

案例 6

杨国先诉桑植县水利局水利行政协议及行政赔偿案

| 基本案情 |

桑植县水利局依据湖南省水利厅和桑植县人民政府的相关批复，委托拍卖机构对张家界市桑植县澧水干流、南、中、北源等河流河道砂石开采权进行公开拍卖。期间，张家界大鲵国家级自然保护区管理处（以下简称大鲵自然保护区管理处）函告桑植县水利局在自然保护区河段采砂行为涉嫌违法，要求终止对相关河段采砂权的拍卖。通过竞标，杨国先竞得刘家河花兰电站库区，在缴清100万元成交价及5万元拍卖佣金后与桑植县水利局签订了《张家界市桑植县刘家河花兰电站库区河段河道砂石开采权出让合同》（以下简称《出让合同》）。杨国先为履行合同修建公路一条，造采砂船两套（四艘），先后向银行贷款两笔。杨国先向桑植县水利局申请发放河道采砂许可证，桑植县水利局以杨国先未按要求提交资料为由未予办理。

| 裁判结果 |

湖南省桑植县人民法院一审认为，争议行政协议项下的采砂河段在实施拍卖和签订出让协议时已是国家级自然保护区范围，属于禁止采砂区域，大鲵自然保护区管理处在发现桑植县水利局的拍卖行为后，按照职责要求终止拍卖，桑植县水利局在未取得自然保护区主管部门批准的情况下不能继续实施出让行为。该河道采砂权有偿出让行为未经国务院授权的有关主管部门同意，桑植县水利局违反禁止性规定，实施拍卖出让，所签订的《出让合同》无效。双方当事人在签订《出让合同》后对采砂许可证的颁发产生误解，最终杨国先因不能提交完整申请材料、不符合颁证条件而未取得采砂许可证，《出让合同》没有实际履行与桑植县水利局在实施行政许可过程中未尽到公示告知职责有一定的关系。桑植县水利局的上述违法行为致使行政协议未能实际履行，造成的经济损失客观存在，应承担赔偿责任。一审法院判决确认案涉《出让合同》无效，桑植县水利局返还杨国先出让款并赔偿相关损失。湖南省张家界市中级人民法院二审维持一审判决。

| 典型意义 |

自然保护区是维护生态多样性、构建国家生态安全屏障、建设美丽中国的重要载体。自然保护区内环境保护与经济发展之间的矛盾较为突出，存在资源主管部门与自然保护区管理部门之间的职责衔接问题。现行法律对自然保护区实行最严格的保护措施，人民法院在审理相关案件时，应注意发挥环境资源司法的监督和预防功能，对涉及环境公共利益的合同效力依职权进行审查，通过依法认定合同无效，严禁任意改变自然生态空间用途的行为，防止不合理开发利用资源的行为损害生态环境。本案对在自然保护区签订的采矿权出让合同效力给予否定性评价，由出让人返还相对人出让款并赔偿损失，既是对相对人合法财产权利的保护，也是对行政机关、社会公众的一种政策宣示和行为引导，符合绿色发展和保障自然保护区生态文明安全的理念和要求。

案例 7

江苏省人民政府诉安徽海德化工科技有限公司生态环境损害赔偿案

|基本案情|

2014 年 4 月至 5 月间,安徽海德化工科技有限公司(以下简称海德公司)营销部经理杨峰分三次将海德公司生产过程中产生的 102.44 吨废碱液,以每吨 1300 元的价格交给没有危险废物处置资质的李宏生等人处置,李宏生等人又以每吨 500 元、600 元不等的价格转交给无资质的孙志才、丁卫东等人。上述废碱液未经处置,排入长江水系,严重污染环境。其中,排入长江的 20 吨废碱液,导致江苏省靖江市城区集中式饮用水源中断取水 40 多个小时;排入新通扬运河的 53.34 吨废碱液,导致江苏省兴化市城区集中式饮水源中断取水超过 14 个小时。靖江市、兴化市有关部门分别采取了应急处置措施。杨峰、李宏生等人均构成污染环境罪,被依法追究刑事责任。经评估,三次水污染事件共造成环境损害 1731.26 万元。

|裁判结果|

江苏省泰州市中级人民法院一审认为,海德公司作为化工企业,对其生产经营中产生的危险废物负有法定防治责任,其营销部负责人杨峰违法处置危险废物的行为系职务行为,应由海德公司对此造成的损害承担赔偿责任。案涉长江靖江段生态环境损害修复费用,系经江苏省环境科学学会依法评估得出;新通扬运河生态环境损害修复费用,系经类比得出,亦经出庭专家辅助人认可。海德公司污染行为必然对两地及下游生态环境服务功能造成巨大损失,江苏省人民政府主张以生态环境损害修复费用的50%计算,具有合理性。江苏省人民政府原诉讼请求所主张数额明显偏低,经释明后予以增加,应予支持。水体自净作用只是水体中污染物向下游的流动中浓度自然降低,不能因此否认污染物对水体已经造成的损害,不足以构成无需再行修复的抗辩。一审法院判决海德公司赔偿环境修复费用3637.90万元、生态环境服务功能损失1818.95万元、评估鉴定费26万元,上述费用合计5482.85万元,支付至泰州市环境公益诉讼资金账户。江苏省高级人民法院二审在维持一审判决的基础上,判决海德公司可在提供有效担保后分期履行赔偿款支付义务。

|典型意义|

本案是《生态环境损害赔偿制度改革试点方案》探索确立生态环境损害赔偿制度后,人民法院最早受理的省级人民政府诉企业生态环境损害赔偿案件之一。长江是中华民族的母亲河。目前沿江化工企业分布密集,违规排放问题突出,已经成为威胁流域生态系统安全的重大隐患。加强长江经济带生态环境司法保障,要着重做好水污染防治案件的审理,充分运用司法手段修复受损生态环境,推动长江流域生态环境质量不断改善,助力长江经济带高质量发展。本案判决明确宣示,不能仅以水体具备自净能力为由主张污染物尚未对水体造成损害以及无需再行修复,水的环境容量是有限的,污染物的排放必然会损害水体、水生物、河床甚至是河岸土壤等生态环境,根据损害担责原则,污染者应当赔偿环境修复费用和生态环境服务功能损失。本案还是《中华人民共和国人民陪审员法》施行后,由七人制合议庭审理的案件,四位人民陪审员在案件审理中依法对事实认定和法律适用问题充分发表了意见,强化了长江流域生态环境保护的公众参与和社会监督,进一步提升了生态环境损害赔偿诉讼裁判结果的公信力。

案例 8

中国生物多样性保护与绿色发展基金会诉秦皇岛方圆包装玻璃有限公司大气污染责任民事公益诉讼案

| 基本案情 |

2015 年 12 月至 2016 年 4 月,秦皇岛方圆包装玻璃有限公司(以下简称方圆公司)因未取得排污许可证,玻璃窑炉超标排放二氧化硫、氮氧化物等大气污染物并拒不改正等行为,被秦皇岛市海港区环境保护局分四次罚款共计 1289 万元。2015 年 2 月,方圆公司签订总金额为 3617 万元的《玻璃窑炉脱硝脱硫除尘总承包合同》。2016 年中国生物多样性保护与绿色发展基金会(以下简称绿发会)提起本案诉讼后,方圆公司缴纳行政罚款共计 1281 万元,并加快了脱硝脱硫除尘改造提升进程,于 2016 年 6 月 15 日通过环保验收,于 2016 年 6 月 17 日、2017 年 6 月 17 日取得排污许可证。2016 年 12 月 2 日,方圆公司再次投入 1965 万元,增设脱硝脱硫除尘备用设备一套。环境保护部环境规划院环境风险与损害鉴定评估研究中心接受一审法院委托,按照虚拟治理成本法,将方圆公司自行政处罚认定损害发生之日至环保达标之日造成的环境损害数额评估为 154.96 万元。

| 裁判结果 |

河北省秦皇岛市中级人民法院一审认为,本案起诉后,方圆公司积极投入,加快治理污染设备的更新改造,诉讼过程中经环保验收已达标排放并取得排污许可证,其非法排放大气污染物的违法行为已经停止。环境保护部环境规划院环境风险与损害鉴定评估研究中心具备法定资质,评估依据已经双方当事人质证,按照虚拟治理成本法计算的环境损害数额包括修复被污染的大气环境的费用和因非法排放大气污染物给环境造成的损害两项内容,应予确认。方圆公司污染大气行为影响群众日常生活,造成了一定的精神损害,应承担赔礼道歉的民事责任。绿发会虽主张差旅费、律师费等费用,但未提交充分证据,考虑本案实际情况予以酌定。一审法院判决方圆公司赔偿损失 154.96 万元,分三期支付至秦皇岛市专项资金账户,用于该地区的环境修复;在全国性媒体上刊登致歉声明;向绿发会支付因本案支出的合理费用 3 万元。河北省高级人民法院二审维持一审判决。

| 典型意义 |

本案系京津冀地区受理的首例大气污染公益诉讼案。大气污染防治是污染防治三大攻坚战之一,京津冀及周边地区是蓝天保卫战的重点区域。本案审理法院正确适用《最高人民法院关于审理环境民事公益诉讼案件适用法律若干问题的解释》,结合绿发会的具体诉讼请求,对方圆公司非法排放大气污染物造成的环境损害进行了界定和评估,积极探索公益诉讼专项资金账户运作模式,确保环境损害赔偿金用于受损环境的修复。本案受理后,方圆公司积极缴纳行政罚款,主动升级改造环保设施,成为该地区首家实现大气污染治理环保设备"开二备一"的企业,实现了环境民事公益诉讼的预防和修复功能,同时还起到了推动企业积极承担生态环境保护社会责任以及采用绿色生产方式的作用,具有良好的社会导向。本案的审理和公开宣判对司法服务保障京津冀及周边地区环境治理和经济社会发展具有重要的示范效应,将对京津冀及周边地区大气污染防治和区域生态文明建设起到积极的促进作用。

案例 9

铜仁市人民检察院诉贵州玉屏湘盛化工有限公司、广东韶关沃鑫贸易有限公司土壤污染责任民事公益诉讼案

| 基本案情 |

贵州玉屏湘盛化工有限公司(以下简称湘盛公司)、广东韶关沃鑫贸易有限公司(以下简称沃鑫公司)均未取得危险废物经营许可证。2010 年 5 月,两公司建立合作关系,沃鑫公司提供原料给湘盛公司加工,加工费为生产每吨硫酸 240 元,硫酸产品及废渣由沃鑫公司负责接收销售。2011 年 11 月 1 日,两公司签订《原料购销协议》,以湘盛公司名义对外向中金岭南丹霞冶炼厂购买硫精矿原料。2011 年 11 月 1 日至 2015 年 7 月 6 日,湘盛公司共取得硫精矿 66900 吨,用于生产硫酸。2015 年 3 月 30 日至 2018 年 3 月 30 日,湘盛公司整体承包给沃鑫公司独立经营,期间曾发生高温水管破裂事故,导致生产车间锅炉冷却水直接排入厂外河流。上述生产过程中,生产原材料和废渣淋溶水、生产废水流入厂区外,造成厂区外一、二号区域土壤污染。经鉴定,一号区域为灌草地,重金属污染面积约达 3600 平方米,全部为重度污染。二号区域为农田,重金属污染面积达 39500 平方米,91%的土壤为重度污染,7%的土壤为中度污染,2%的土壤为轻度污染。污染地块的种植农作物重金属超标。县环境保护局于 2015 年、2016 年两次责令湘盛公司拆除排污暗管、改正违法行为,处以行政罚款。2016 年 9 月,湘盛公司及其法定代表人梁长训、沃鑫公司

余军因犯污染环境罪被追究刑事责任。2017 年 12 月,贵州省环境科学研究设计院出具《损害评估报告》,确认案涉土壤污染损害费用包括消除危险费用、污染修复、期间生态服务功能损失共计 639.7 万元。

|裁判结果|

贵州省遵义市中级人民法院一审认为,湘盛公司、沃鑫公司均无危险废物经营许可证,不具备危废处理资质。两公司生产过程中实施了污染行为,案涉污染土壤中重金属与湘盛公司生产原料、废渣及排放废水中所含重金属成分相同,具有同源性,且污染土壤区域的重金属含量均远高于对照检测点,足以认定两公司排污行为与案涉土壤及地上农作物中度污染之间的因果关系。两公司先为合作,后为承包,主观上具有共同故意,客观上共同实施了污染行为,应承担连带责任。一审法院判决湘盛公司、沃鑫公司立即停止侵害,在对生产厂区进行综合整改及环境监控,未通过相关环保行政职能部门监督验收前,不得生产;对厂区留存全部原料及废渣进行彻底无污染清除,逾期则应当支付危废处置费 60.3 万元,聘请第三方处置;对案涉土壤进行修复,逾期则支付修复费用 230 万元,聘请第三方修复;赔偿生态环境期间服务功能损失 127.19 万元,承担本案鉴定费 38.6 万元。

|典型意义|

本案是由检察机关提起的土壤污染民事公益诉讼案件。土壤是经济社会可持续发展的重要物质基础。尤其本案所涉二号区域用途为农用耕地,其上农作物及农产品的安全更是直接关切群众身体健康。本案审理法院依法启动鉴定程序对案涉专业问题作出技术判断,鉴定机构出具的评估报告同时提供了土壤污染的风险判定和具体修复方案,为推动后续土壤修复治理提供了专业技术支撑。本案审理法院还向县政府发出司法建议,建议通过征用程序改变二号区域的农用耕地用途,消除被污染土地继续种植农作物可能带来的人体健康风险。同时,突出保护农用耕地、基本农田的价值理念,将农用耕地用途改变导致农用耕地功能丧失纳入期间服务功能损失,建立了民事裁判与行政执法之间的衔接路径。本案的正确审理,为案涉土壤污染构建了“责任人修复+政府监管+人民法院强制执行+人民检察院监督”的全新复合治理路径,有力地推进了污染土壤的修复治理,确保实现涉地农业生产环境安全,体现了司法保护公益的良好效果。

案例⑩

江苏省宿迁市宿城区人民检察院诉沭阳县农业委员会不履行林业监督管理法定职责行政公益诉讼案

| 基本案情 |

2016 年 1 月至 3 月，仲兴年于沭阳县七处地点盗伐林木 444 棵，立木蓄积 122 余立方米。其中在沭阳县林地保护利用规划范围内盗伐杨树合计 253 棵。2017 年 3 月 7 日，沭阳县人民法院以盗伐林木罪判处仲兴年有期徒刑七年六个月，并处罚金 3 万元，追缴违法所得 2.4 万元。2017 年 9 月 29 日，江苏省宿迁市宿城区人民检察院（以下简称宿城区检察院）向沭阳县农业委员会（以下简称沭阳农委）发送检察建议，督促沭阳农委对仲兴年盗伐林木行为依法处理，确保受侵害林业生态得以恢复。沭阳农委于 2017 年 10 月 16 日、12 月 15 日两次电话反映该委无权对仲兴年履行行政职责，未就仲兴年盗伐林木行为进行行政处理，案涉地点林地生态环境未得到恢复。2018 年 3 月 27 日，沭阳农委仅在盗伐地点补植白蜡树苗 180 棵。

| 裁判结果 |

江苏省宿迁市宿城区人民法院一审认为，沭阳农委作为沭阳县林业主管部门，对案涉盗伐林木等违法行为负有监督和管理职责。仲兴年在林地保护利用规划范围内盗伐林木，不仅侵害了他人林木所有权，也损害了林木的生态效益和功能。宿城区检察院经依法向沭阳农委发送检察建议,督促沭阳农委依法履职无果后,提起行政公益诉讼,符合法律规定。仲兴年因盗伐林木行为已被追究的刑事责任为有期徒刑、罚金、追缴违法所得,不能涵盖补种盗伐株数十倍树木的行政责任。沭阳农委收到检察建议书后未责令仲兴年补种树木,其嗣后补种的株数和代履行程序亦不符合法律规定,未能及时、正确、完全履行法定职责。一审法院判决确认沭阳农委不履行林业监督管理法定职责的行为违法,应依法对仲兴年作出责令补种盗伐253棵杨树十倍树木的行政处理决定。

|典型意义|

本案是检察机关提起的涉林业行政公益诉讼。林木除具有经济价值外,还具有涵养水源、防风固沙、调节气候以及为野生动物提供栖息场所等生态价值。任何组织和个人均有义务保护林业生态环境安全。林业行政主管部门更应恪尽职守,依法履职。《中华人民共和国森林法》第三十九条规定:"盗伐森林或者其他林木的,依法赔偿损失;由林业主管部门责令补种盗伐株数十倍的树木,没收盗伐的林木或者变卖所得,并处盗伐林木价值三倍以上十倍以下的罚款。滥伐森林或者其他林木,由林业主管部门责令补种滥伐株数五倍的树木,并处滥伐林木价值二倍以上五倍以下的罚款。拒不补种树木或者补种不符合国家有关规定的,由林业主管部门代为补种,所需费用由违法者支付。盗伐、滥伐森林或者其他林木,构成犯罪的,依法追究刑事责任。"林业纠纷案件多具融合性,同一违法行为往往涉及刑事、民事和行政不同法律责任。本案的正确审理,有助于进一步厘清涉林业检察公益诉讼中刑事责任、行政责任以及民事责任的关系和界限,依法全面保护林业生态环境安全。本案审理法院还组织省市县三级120余家行政执法机关的150余名工作人员以及10位人大代表、政协委员旁听庭审,起到了宣传教育的良好效果。

全民国家安全教育典型案例

案例 1 黄某某为境外刺探、非法提供国家秘密案

案例 2 周某破坏军事设施案

案例 3 张某某破坏军事通信案

案例 4 王某某过失损坏军事通信案

案例 1

黄某某为境外刺探、非法提供国家秘密案

被告人黄某某通过 QQ 与一位境外人员结识,后多次按照对方要求到军港附近进行观测,采取望远镜观看、手机拍摄等方式,搜集军港内军舰信息,整编后传送给对方,以获取报酬。至案发,黄某某累计向境外人员报送信息 90 余次,收取报酬 5.4 万元。经鉴定,黄某某向境外人员提供的信息属 1 项机密级军事秘密。

法院认为,被告人黄某某无视国家法律,接受境外人员指使,积极为境外人员刺探、非法提供国家秘密,其行为已构成为境外刺探、非法提供国家秘密罪。依照《中华人民共和国刑法》相关规定,对黄某某以为境外刺探、非法提供国家秘密罪判处有期徒刑五年,剥夺政治权利一年,并处没收个人财产人民币 5 万元。

案例 2

周某破坏军事设施案

2016 年 4 月间，被告人周某先后三次采用破坏性手段盗窃中国人民解放军某部队油料转运站配电间内电缆线，致使配电间内的配电柜遭受破坏，配电间不能为库区油料转运输送泵房提供电力支撑，无法完成担负的战备油料转运任务。经鉴定，被盗电缆线共计价值人民币 409 元。

法院认为，被告人周某明知是军事设施而予以破坏，其行为已构成破坏军事设施罪。鉴于周某系未成年人，认罪、悔罪态度较好，社会危害性较小，依法可以宣告缓刑。依照《中华人民共和国刑法》相关规定，对周某以破坏军事设施罪判处有期徒刑八个月，缓刑一年。

案例 3

张某某破坏军事通信案

被告人张某某组织工人对某招待所楼顶太阳能进行拆除时,将中国人民解放军某部队的军事通信光缆损毁,造成军事通信阻断。随后部队维护人员赶到现场进行紧急抢修,并告知张某某待军事通信光缆损毁事宜处理完后再行施工。后张某某自行组织工人再次施工,并再次将同一位置的军事通信光缆损毁,造成军事通信阻断。张某某在明知是军事通信光缆且在未向部队报告取得同意的情况下,擅自对损毁的光缆进行熔接,造成国防通信线路中断120分钟,经鉴定两次损毁的军事光缆恢复费及线路中断造成的阻断费合计人民币294300元。

法院认为,被告人张某某作为施工管理人员,明知是军事通信设施,仍然违章作业,造成军事通信线路损毁,并私自熔接该通信线路,致使军事通信中断,其行为已构成破坏军事通信罪。鉴于张某某到案后如实供述自己的罪行,部队的经济损失已得到赔偿,故予以从轻处罚。依照《中华人民共和国刑法》相关规定,对张某某以破坏军事通信罪判处拘役三个月。

案例 4

王某某过失损坏军事通信案

被告人王某某在北京市海淀区某驾校停车场内，雇用铲车司机，在未告知铲车司机地下有国防光缆的情况下让其驾驶铲车施工，将中国人民解放军某总部某通信团埋在该驾校停车场地下的一根一级国防光缆挖断。

法院认为，被告人王某某过失损坏军事通信设施，造成严重后果，其行为已构成过失损坏军事通信罪。鉴于王某某到案后如实供述自己的罪行，认罪态度较好，且积极赔偿因犯罪行为而造成的经济损失，故酌情予以从轻处罚，并宣告缓刑。依照《中华人民共和国刑法》相关规定，对王某某以过失损坏军事通信罪判处拘役六个月，缓刑六个月。

附　相关法律规定

1.《中华人民共和国刑法》

第一百一十一条　为境外的机构、组织、人员窃取、刺探、收买、非法提供国家秘密或者情报的，处五年以上十年以下有期徒刑；情节特别严重的，处十年以上有期徒刑或者无期徒刑；情节较轻的，处五年以下有期徒刑、拘役、管制或者剥夺政治权利。

第三百六十九条　破坏武器装备、军事设施、军事通信的，处三年以下有期徒刑、拘役或者管制；破坏重要武器装备、军事设施、军事通信的，处三年以上十年以下有期徒刑；情节特别严重的，处十年以上有期徒刑、无期徒刑或者死刑。

过失犯前款罪,造成严重后果的,处三年以下有期徒刑或者拘役;造成特别严重后果的,处三年以上七年以下有期徒刑。

战时犯前两款罪的,从重处罚。

2.《中华人民共和国反间谍法》

第四条　中华人民共和国公民有维护国家的安全、荣誉和利益的义务,不得有危害国家的安全、荣誉和利益的行为。

一切国家机关和武装力量、各政党和各社会团体及各企业事业组织,都有防范、制止间谍行为,维护国家安全的义务。

国家安全机关在反间谍工作中必须依靠人民的支持,动员、组织人民防范、制止危害国家安全的间谍行为。

第六条　境外机构、组织、个人实施或者指使、资助他人实施的,或者境内机构、组织、个人与境外机构、组织、个人相勾结实施的危害中华人民共和国国家安全的间谍行为,都必须受到法律追究。

第二十七条　境外机构、组织、个人实施或者指使、资助他人实施,或者境内机构、组织、个人与境外机构、组织、个人相勾结实施间谍行为,构成犯罪的,依法追究刑事责任。

实施间谍行为,有自首或者立功表现的,可以从轻、减轻或者免除处罚;有重大立功表现的,给予奖励。

第三十八条　本法所称间谍行为,是指下列行为:

(一)间谍组织及其代理人实施或者指使、资助他人实施,或者境内外机构、组织、个人与其相勾结实施的危害中华人民共和国国家安全的活动;

(二)参加间谍组织或者接受间谍组织及其代理人的任务的;

(三)间谍组织及其代理人以外的其他境外机构、组织、个人实施或者指使、资助他人实施,或者境内机构、组织、个人与其相勾结实施的窃取、刺探、收买或者非法提供国家秘密或者情报,或者策动、引诱、收买国家工作人员叛变的活动;

(四)为敌人指示攻击目标的;

(五)进行其他间谍活动的。

3.《中华人民共和国军事设施保护法》

第二条　本法所称军事设施，是指国家直接用于军事目的的下列建筑、场地和设备：

（一）指挥机关，地面和地下的指挥工程、作战工程；

（二）军用机场、港口、码头；

（三）营区、训练场、试验场；

（四）军用洞库、仓库；

（五）军用通信、侦察、导航、观测台站，测量、导航、助航标志；

（六）军用公路、铁路专用线，军用通信、输电线路，军用输油、输水管道；

（七）边防、海防管控设施；

（八）国务院和中央军事委员会规定的其他军事设施。

前款规定的军事设施，包括军队为执行任务必需设置的临时设施。

第四条　中华人民共和国的所有组织和公民都有保护军事设施的义务。

禁止任何组织或者个人破坏、危害军事设施。

任何组织或者个人对破坏、危害军事设施的行为，都有权检举、控告。

第四十六条　有下列行为之一，构成犯罪的，依法追究刑事责任：

（一）破坏军事设施的；

（二）盗窃、抢夺、抢劫军事设施的装备、物资、器材的；

（三）泄露军事设施秘密的，或者为境外的机构、组织、人员窃取、刺探、收买、非法提供军事设施秘密的；

（四）破坏军用无线电固定设施电磁环境，干扰军用无线电通讯，情节严重的；

（五）其他扰乱军事禁区、军事管理区管理秩序和危害军事设施安全的行为，情节严重的。

2018年中国法院10大知识产权案件和50件典型知识产权案例

2018年中国法院10大知识产权案件
2018年中国法院50件典型知识产权案例

2018年中国法院10大知识产权案件

1. 克里斯蒂昂迪奥尔香料公司与国家工商行政管理总局商标评审委员会商标申请驳回复审行政纠纷案〔最高人民法院(2018)最高法行再26号行政判决书〕

2. 无锡国威陶瓷电器有限公司、蒋国屏与常熟市林芝电热器件有限公司、苏宁易购集团股份有限公司侵害实用新型专利权纠纷案〔最高人民法院(2018)最高法民再111号民事判决书〕

3. 优衣库商贸有限公司与广州市指南针会展服务有限公司、广州中唯企业管理咨询服务有限公司、优衣库商贸有限公司上海月星环球港店侵害商标权纠纷案〔最高人民法院(2018)最高法民再396号民事判决书〕

4. 江铃控股有限公司与国家知识产权局专利复审委员会、捷豹路虎有限公司、杰拉德·加布里埃尔·麦戈文外观设计专利权无效行政纠纷案〔北京市高级人民法院(2018)京行终4169号行政判决书〕

5. 北京微播视界科技有限公司与百度在线网络技术(北京)有限公司、百度网讯科技有限公司侵害作品信息网络传播权纠纷案〔北京互联网法院(2018)京0491民初1号民事判决书〕

6. 北京德农种业有限公司、河南省农业科学院与河南金博士种业股份有限公司侵害植物新品种权纠纷案〔河南省高级人民法院(2015)豫法知民终字第00356号民事判决书〕

7. 北京猎豹网络科技有限公司、北京猎豹移动科技有限公司、北京金山安全软件有限公司与上海二三四五网络科技有限公司不正当竞争纠纷上诉案

〔上海知识产权法院(2018)沪 73 民终 5 号民事判决书〕

8. 深圳市快播科技有限公司与深圳市市场监督管理局、深圳市腾讯计算机系统有限公司著作权行政处罚纠纷案〔广东省高级人民法院(2016)粤行终 492 号行政判决书〕

9. 晋江市青阳新钮佰伦鞋厂、郑朝忠;莆田市荔城区搏斯达克贸易有限公司因新百伦贸易(中国)有限公司与深圳市新平衡运动体育用品有限公司等侵害商标权及不正当竞争纠纷拒不履行诉中行为保全裁定被处法定最高限额司法制裁案〔江苏省高级人民法院(2017)苏司惩复 19 号复议决定书;(2018)苏司惩复 4 号复议决定书〕

10. 被告人李功志、巫琴非法制造注册商标标识罪案〔广东省深圳市中级人民法院(2018)粤 03 刑终 655 号刑事判决书〕

2018 年中国法院 50 件典型知识产权案例

一、知识产权民事案件

（一）侵犯专利权纠纷案件

1. 临海市利农机械厂与陆杰、吴茂法、李成任、张天海侵害实用新型专利权纠纷案〔最高人民法院（2017）最高法民申 1804 号民事裁定书〕

2. 齐鲁制药有限公司与北京四环制药有限公司侵害发明专利权纠纷案〔最高人民法院（2017）最高法民申 4107 号民事裁定书〕

3. 宁波奥克斯空调有限公司与珠海格力电器股份有限公司、广州晶东贸易有限公司侵害实用新型专利权纠纷管辖异议案〔最高人民法院（2018）最高法民辖终 93 号民事裁定书〕

4.北京百度网讯科技有限公司与北京搜狗科技发展有限公司、北京搜狗信息服务有限公司侵害发明专利权纠纷案〔北京市高级人民法院（2018）京民终 498 号民事判决书〕

5. 3M 公司与上海源嘉塑胶有限公司、上海誉帅维实业有限公司、罗雯晶、罗贤威侵害发明专利权纠纷案〔上海市高级人民法院（2016）沪民终 459 号民事判决书〕

6. 胡涛与摩拜（北京）信息技术有限公司侵害发明专利权纠纷案〔上海市高级人民法院（2017）沪民终 369 号民事判决书〕

7. 佳能株式会社与上海慕名电子科技有限公司侵害发明专利权纠纷案〔上海知识产权法院（2017）沪 73 民初 596 号民事判决书〕

8. 温州硕而博科技有限公司、温州市盛博科技有限公司与宁波大央工贸有限公司侵害实用新型专利权纠纷案〔浙江省高级人民法院(2018)浙民终139 号民事判决书〕

9. 江苏欧帝电子科技有限公司、西藏欧帝电子科技有限公司、南京欧帝科技股份有限公司与苏州泛普科技股份有限公司侵害实用新型专利权纠纷案〔福建省高级人民法院(2018)闽民终 171 号民事判决书〕

10.胡小泉、朱江蓉与山东省惠诺药业有限公司侵害发明专利权纠纷案〔山东省高级人民法院(2018)鲁民终 870 号民事判决书〕

11. 许昌瑞示电子科技有限公司与清华大学、同方威视技术股份有限公司侵害发明专利权纠纷案〔河南省高级人民法院(2017)豫民终 1183 号民事判决书〕

12. 深圳全棉时代科技有限公司与宜昌市欣龙卫生材料有限公司、欣龙控股(集团)股份有限公司侵害专利权纠纷案〔湖北省高级人民法院(2017)鄂民终 2796 号民事判决书〕

13. 罗姆尼光电系统技术(广东)有限公司、广州旌露贸易有限公司与广东三雄极光照明股份有限公司侵害外观设计专利权纠纷案〔广东省高级人民法院(2017)粤民终 2900 号民事判决书〕

14. 深圳来电科技有限公司与深圳街电科技有限公司、永旺梦乐城(广东)商业管理有限公司侵害实用新型专利权纠纷案〔广州知识产权法院(2018)粤 73 民初 1851—1852 号之一民事裁定书〕

(二)商标权侵权、合同等纠纷案件

15. 沈阳唐氏生物科技有限公司与广州方凡生物科技有限公司、深圳市新至尊科技有限公司、深圳市百草生物科技有限公司、浙江天猫网络有限公司、浙江淘宝网络有限公司侵害商标权纠纷案〔辽宁省沈阳市中级人民法院(2016)辽 01 民初 525 号民事判决书〕

16. 动视出版公司与华夏电影发行有限责任公司、上海聚力传媒技术有限公司侵害著作权、侵害商标权、擅自使用知名商品特有名称及虚假宣传纠纷

案〔上海知识产权法院(2018)沪73民终222号民事判决书〕

17. 光明乳业股份有限公司与美食达人股份有限公司、上海易买得超市有限公司侵害商标权纠纷案〔上海知识产权法院(2018)沪73民终289号民事判决书〕

18. 浙江生活家巴洛克地板有限公司与巴洛克木业(中山)有限公司、太仓市城厢镇门迪尼地板商行、福建世象家居有限公司侵害商标权纠纷案〔江苏省高级人民法院(2017)苏民终1297号民事判决书〕

19. 杭州老板电器股份有限公司、杭州老板实业集团有限公司与老板电器香港国际(中国)股份有限公司、厦门市乐保德电器科技有限公司、嵊州市乐保德电器有限公司、庄河市乐保德厨电销售中心、嵊州市三都电器有限公司侵害商标权及不正当竞争纠纷案〔浙江省高级人民法院(2018)浙民终20号民事判决书〕

20. 腾讯科技(深圳)有限公司与安徽微信保健品有限公司侵害商标权纠纷案〔安徽省合肥市中级人民法院(2017)皖01民初526号民事判决书〕

21. 阿里巴巴(全球)实业投资控股集团有限公司与江西星烁信息技术有限公司侵害商标权纠纷案〔南昌铁路运输中级法院(2017)赣71民初15号民事判决书〕

22. 喜力酿酒厂有限公司与山东金孚龙啤酒有限公司、昌乐喜力酒业有限公司、张国华侵害商标权及不正当竞争纠纷案〔山东省潍坊市中级人民法院(2017)鲁07民初590号民事判决书〕

23. 广州市杜高精密机电有限公司、广州心可工业设计有限公司与多米诺印刷科学有限公司侵害商标权纠纷案〔广东省高级人民法院(2017)粤民终2659号民事判决书〕

24. 云南宝田农业科技有限公司与纳雍民正种植农民专业合作社侵害商标权纠纷案〔云南省高级人民法院(2018)云民终135号民事判决书〕

25. 陈世龙与穆思琼、陈胜云、陈阳侵害商标权纠纷案〔西藏自治区高级人民法院(2018)藏民终74号民事判决书〕

（三）著作权侵权、权属纠纷案件

26. 葛怀圣与李子成侵害著作权纠纷案〔最高人民法院（2016）最高法民再 175 号民事判决书〕

27. 未来电视有限公司与银河互联网电视有限公司、河南大象融媒体集团有限公司、中国移动通信集团河南有限公司、浪潮软件集团有限公司侵害作品信息网络传播权纠纷案〔天津市滨海新区人民法院（2017）津 0116 民初 1592 号民事判决书〕

28. 上海知豆电动车技术有限公司与达索系统股份有限公司侵害计算机软件著作权纠纷案〔上海市高级人民法院（2018）沪民终 429 号民事判决书〕

29. 北京字节跳动科技有限公司与江苏现代快报传媒有限公司、江苏现代快报传媒有限公司无锡分公司及北京字节跳动网络技术有限公司侵害著作权纠纷案〔江苏省高级人民法院（2018）苏民终 588 号民事判决书〕

30. 李惠卿、陈文灿与福州大学著作权权属、侵权纠纷案〔福建省厦门市中级人民法院（2018）闽 02 民终 1515 号民事判决书〕

31. 广州求知教育科技有限公司与北京新浪互联信息服务有限公司侵害计算机软件著作权纠纷案〔广州知识产权法院（2016）粤 73 民初 1387 号民事判决书〕

32. 重庆市设计院与同方股份有限公司侵害著作权纠纷案〔重庆市高级人民法院（2018）渝民终 234 号民事判决书〕

（四）不正当竞争、垄断、植物新品种、知识产权合同纠纷案件

33. 河北省高速公路衡大管理处与河北法润林业科技有限责任公司侵害植物新品种纠纷案〔最高人民法院（2018）最高法民再 247 号民事判决书〕

34. 克拉玛依金驼运输服务有限公司与克拉玛依市凯隆油田技术服务有限公司、谭勇不正当竞争纠纷案〔最高人民法院（2018）最高法民再 389 号民

事判决书〕

35. 安徽美景信息科技有限公司与淘宝(中国)软件有限公司不正当竞争纠纷案〔浙江省杭州市中级人民法院(2018)浙01民终7312号民事判决书〕

36. 临武县金泰福珠宝一店与临武县金嘉利珠宝店、临武县金嘉福珠宝店、周继芬、李高鹏、唐月凤、李露、王尺英、邝文霞商业诋毁纠纷案〔湖南省高级人民法院(2018)湘民终360号民事判决书〕

37. 深圳微源码软件开发有限公司与腾讯科技(深圳)有限公司、深圳市腾讯计算机系统有限公司垄断纠纷案〔广东省深圳市中级人民法院(2017)粤03民初250号民事判决书〕

38. 深圳市谷米科技有限公司与武汉元光科技有限公司、邵凌霜、陈昴、刘江红、刘坤朋、张翔不正当竞争纠纷案〔广东省深圳市中级人民法院(2017)粤03民初822号民事判决书〕

39. 海南葫芦娃药业集团股份有限公司与广西科伦制药有限公司确认合同效力纠纷案〔广西壮族自治区高级人民法院(2018)桂民终134号民事判决书〕

40. 成都天厨味精有限公司、江北区双骄食品经营部、刘琼与重庆天厨天雁食品有限责任公司不正当竞争纠纷案〔重庆市第一中级人民法院(2017)渝01民终3926号民事判决书〕

41. 德标管业(深圳)有限公司与德标管业(上海)有限公司、贵州德标管业有限公司商业诋毁纠纷案〔贵州省高级人民法院(2018)黔民终665号民事判决书〕

二、知识产权行政案件

(一)专利行政案件

42. 埃意(廊坊)电子工程有限公司与王贺、姚鹏、国家知识产权局专利复审委员会实用新型专利权无效行政纠纷案〔最高人民法院(2018)最高法行再33号行政判决书〕

43. 阿斯利康(瑞典)有限公司与国家知识产权局专利复审委员会、深圳信立泰药业股份有限公司发明专利权无效行政纠纷案〔北京市高级人民法院(2018)京行终6345号行政判决书〕

(二)商标行政案件

44. 广州市希力电子科技有限公司、济南千贝信息科技有限公司与上海波克城市网络科技股份有限公司、国家工商行政管理总局商标评审委员会商标异议复审行政纠纷案〔最高人民法院(2016)最高法行再96号行政判决书〕

45. 帝斯曼公司知识产权资产有限公司、国家工商行政管理总局商标评审委员会、楼跃斌、楼跃群、楼照法、赖俊哲商标异议复审行政纠纷案〔最高人民法院(2017)最高法行再76号行政判决书〕

46. 拉科斯特股份有限公司与卡帝乐鳄鱼私人有限公司、国家工商行政管理总局商标评审委员会商标争议行政纠纷案〔最高人民法院(2018)最高法行再134号行政判决书〕

47. 国家工商行政管理总局商标局与安徽华源医药股份有限公司、易心堂大药房连锁股份有限公司、上海健一网大药房连锁经营有限公司商标行政纠纷案〔北京市高级人民法院(2016)京行终2345号行政判决书〕

48. 国家工商行政管理总局商标评审委员会与腾讯科技(深圳)有限公司商标申请驳回复审行政纠纷案〔北京市高级人民法院(2018)京行终3673号行政判决书〕

49. 香港周六福珠宝国际集团有限公司与盘州市市场监督管理局工商行政管理纠纷案〔贵州省高级人民法院(2018)黔行终1590号行政判决书〕

三、知识产权刑事案件

50. 巨石在线(北京)科技有限公司、黄明侵犯著作权罪案〔北京市海淀区人民法院(2018)京0108刑初1932号刑事判决书〕

2018 年中国法院
10 大知识产权案件简介

案例 1 迪奥尔公司立体商标国际注册行政纠纷案

案例 2 “PTC 加热器”实用新型专利侵权纠纷案

案例 3 “优衣库”侵害商标权纠纷案

案例 4 “陆风越野车”外观设计专利权无效行政纠纷案

案例 5 “伙拍小视频”侵害作品信息网络传播权纠纷案

案例 6 “郑单 958”植物新品种侵权纠纷案

案例 7 “金山毒霸”不正当竞争纠纷案

案例 8 涉及快播公司著作权行政处罚案

案例 9 “新百伦”诉中行为保全司法制裁案

案例 10 非法制造注册商标标识罪案

案例 1

迪奥尔公司立体商标国际注册行政纠纷案

克里斯蒂昂迪奥尔香料公司与国家工商行政管理总局商标评审委员会商标申请驳回复审行政纠纷案〔最高人民法院（2018）最高法行再26号行政判决书〕

| 案情摘要 |

涉案申请商标为国际注册第1221382号商标，申请人为克里斯蒂昂迪奥尔香料公司（简称迪奥尔公司）。申请商标的原属国为法国，核准注册时间为2014年4月16日，国际注册日期为2014年8月8日，国际注册所有人为迪奥尔公司，指定使用商品为香水、浓香水等。

申请商标经国际注册后，根据《商标国际注册马德里协定》《商标国际注册马德里协定有关议定书》的相关规定，迪奥尔公司通过世界知识产权组织国际局（简称国际局），向澳大利亚、丹麦、芬兰、英国、中国等提出领土延伸保护申请。2015年7月13日，国家工商行政管理总局商标局（简称商标局）向国际局发出申请商标的驳回通知书，以申请商标缺乏显著性为由，驳回全部指定商品在中国的领土延伸保护申请。在法定期限内，迪奥尔公司向国家工商行政管理总局商标评审委员会（简称商标评审委员会）提出复审申请。商标评审委员会认为，申请商标难以起到区别商品来源的作用，缺乏商标应有的显著性，遂以第13584号决定，驳回申请商标在中国的领土延伸保护申请。迪奥尔公司不服，提起行政诉讼。迪奥尔公司认为，首先，申请商标为指定颜色的三维立体商标，迪奥尔公司已经向商标评审委员会提交了申请商标的三面视图，但商标评审委员会却将申请商标作为普通商标进行审查，决定作出的事实基础有误。其次，申请商标设计独特，并通过迪奥尔公司长期的宣传推广，具有了较强的显著性，其领土延伸保护申请应当获得支持。

北京知识产权法院及北京市高级人民法院均未支持迪奥尔公司的诉讼主张。主要理由为：迪奥尔公司并未在国际局国际注册簿登记之日起3个月内向商标局声明申请商标为三维标志并提交至少包含三面视图的商标图样，而是直至驳回复审阶段在第一次补充理由书中才明确提出申请商标为三维标志并提交三面视图。在迪奥尔公司未声明申请商标为三维标志并提交相关文件的情况下，商标局将申请商标作为普通图形商标进行审查，并无不当。商标局在商标档案中对申请商标指定颜色、商标形式等信息是否存在登记错误，并非本案的审理范围，迪奥尔公司可通过其他途径寻求救济。迪奥尔公司不服二审判决，向最高人民法院申请再审。最高人民法院裁定提审，并再审判决撤销一审、二审判决及被诉决定，判令商标评审委员会重新作出复审决定。

| 典型意义 |

最高人民法院依法公开开庭并当庭宣判迪奥尔公司立体商标行政纠纷一案，平等保护了中外权利人的合法利益，进一步树立了中国加强知识产权司法保护的负责任大国形象。最高人民法院在本案中指出，作为商标申请人的迪奥尔公司已经根据马德里协定及其议定书的规定，完成了申请商标的国际注册程序，履行了我国商标法实施条例规定的必要的声明与说明责任，在申请材料仅欠缺部分视图等形式要件的情况下，商标行政机关应当充分考虑到商标国际注册程序的特殊性，本着积极履行国际公约义务的精神，给予申请人合理的补正机会，以平等、充分保护迪奥尔公司在内的商标国际注册申请人的合法权益。最高人民法院通过本案的司法审查程序，纠正了商标行政机关关于事实问题的错误认定,强化了对行政程序正当性的要求,充分体现了司法保护知识产权的主导作用。此外,优化国际商标注册程序,是我国积极履行马德里协定在内的国际公约义务的重要体现。本案通过为国际商标申请人提供及时有效的司法救济,全面保护了境外当事人的合法权利。

案例 2

"PTC加热器"实用新型专利侵权纠纷案

无锡国威陶瓷电器有限公司、蒋国屏与常熟市林芝电热器件有限公司、苏宁易购集团股份有限公司侵害实用新型专利权纠纷案〔最高人民法院(2018)最高法民再111号民事判决书〕

|案情摘要|

蒋国屏是名称为"一种PTC发热器的导热铝管及PTC发热器"实用新型专利(即本案专利)的专利权人。无锡国威陶瓷电器有限公司(简称国威公司)为本案专利的独占实施被许可人。国威公司、蒋国屏以常熟市林芝电热器件有限公司(简称林芝公司)生产、销售的空调PTC加热器侵害其专利权为由,提起诉讼,要求停止侵权行为,赔偿其经济损失及合理支出共计1500万元。江苏省南京市中级人民法院一审认为,被诉侵权产品落入本案专利权利要求2的保护范围,判决林芝公司等停止侵权行为,酌定林芝公司赔偿国威公司、蒋国屏经济损失和合理开支共计100万元。国威公司、蒋国屏和林芝公司均不服,分别提起上诉。江苏省高级人民法院二审认为,被诉侵权产品缺少本案专利权利要求2的隐含技术特征,不落入专利权利要求2的保护范围。遂判决撤销一审判决,驳回国威公司、蒋国屏的诉讼请求。国威公司、蒋国屏不服,向最高人民法院申请再审。最高人民法院裁定提审本案。最高人民法院再审认为,二审判决关于本案专利权利要求2保护范围的解释有所不当,被诉侵权产品落入本案专利权利要求 2 的保护范围。遂判决撤销二审判决,变更经济损失数额共计 937 万余元。

|典型意义|

本案再审判决创新侵权损害赔偿认定机制,在损害赔偿认定方面具有典型性和指导性。对于可以体现出被诉侵权产品销售金额的证据,通过侵权产品销售总金额、利润率、贡献度计算出被诉侵权产品因侵权获得的利润;对于不能体现出被诉侵权产品具体销售金额的证据,依照法定赔偿确定损害赔偿数额。本案通过合理运用证据规则、经济分析方法等手段,特别是充分考虑了涉案专利对被诉侵权产品利润的贡献度等因素,终审改判赔偿权利人经济损失及合理开支近 950 万元,通过司法裁判努力实现侵权损害赔偿与知识产权市场价值的协调性和相称性,充分体现了严格保护知识产权的司法政策,切实保障了权利人获得充分赔偿。

案例 3

“优衣库”侵害商标权纠纷案

优衣库商贸有限公司与广州市指南针会展服务有限公司、广州中唯企业管理咨询服务有限公司、优衣库商贸有限公司上海月星环球港店侵害商标权纠纷案〔最高人民法院(2018)最高法民再 396 号民事判决书〕

| 案情摘要 |

广州市指南针会展服务有限公司(简称指南针公司)与广州中唯企业管理咨询服务有限公司(简称中唯公司)为涉案商标的共有人,该商标核定使用商品为第 25 类。优衣库商贸有限公司(简称优衣库公司)与迅销(中国)商贸有限公司(简称迅销公司)共同经营“优衣库”品牌,在中国各地设有专营店。2012 年 11 月 3 日,株式会社迅销向商标局申请 G1133303 号商标领土延伸。优衣库公司销售的高级轻型羽绒系列服装上有使用标识。指南针公司、中唯公司依据涉案注册商标专用权,在北京、上海、广东、浙江四地针对优衣库公司或迅销公司和不同门店提起了 42 起商标侵权诉讼。根据法院查明的事实,中唯公司和指南针公司分别持有注册商标共计 2600 余个,其中部分商标与他人知名商标在呼叫或者视觉上高度近似。指南针公司、中唯公司曾在华唯商标转让网上公开出售涉案商标,并向迅销公司提出诉争商标转让费 800 万元。上海市第二中级人民法院一审判决优衣库公司停止侵权,驳回其他诉讼请求。指南针公司、中唯公司、优衣库公司均不服,提起上诉。上海市高级人民法院二审判决驳回上诉,维持原判。优衣库公司不服,向最高人民法院申请再审。最高人民法院再审期间查明,迅销公司就涉案注册商标向商标评审委员会提出了无效宣告申请。经商标无效程序、法院一审、二审,涉案商标被宣告无效。最高人民法院提审后判决撤销一、二审判决,驳回指南针公司和中唯公司全部诉讼请求。

| 典型意义 |

"申请注册和使用商标,应当遵循诚实信用原则"。针对当前社会上部分经营主体违反诚实信用原则大规模注册与他人知名商标近似商标,有目标有预谋利用司法程序企图获得不正当利益之行为,最高人民法院在判决中指出,指南针公司、中唯公司以不正当方式取得商标权后,目标明确指向优衣库公司等,意图将该商标高价转让,在未能成功转让该商标后,又分别以优衣库公司、迅销公司及其各自门店侵害该商标专用权为由,以基本相同的事实提起系列诉讼,在每个案件中均以优衣库公司或迅销公司及作为其门店的一家分公司作为共同被告起诉,利用优衣库公司或迅销公司门店众多的特点,形成全国范围内的批量诉讼,请求法院判令优衣库公司或迅销公司及其众多门店停止使用并索取赔偿,主观恶意明显,其行为明显违反诚实信用原则,对其借用司法资源以商标权谋取不正当利益之行为,依法不予保护。最高人民法院鲜明地表达了恶意取得并利用商标权谋取不正当利益之行为不受法律保护,对建设健康有序的商标秩序,净化市场环境,遏制利用不正当取得的商标权进行恶意诉讼具有典型意义。

案例 4

“陆风越野车”外观设计专利权无效行政纠纷案

江铃控股有限公司与国家知识产权局专利复审委员会、捷豹路虎有限公司、杰拉德·加布里埃尔·麦戈文外观设计专利权无效行政纠纷案〔北京市高级人民法院(2018)京行终 4169 号行政判决书〕

|案情摘要|

涉案专利系名称为“越野车(陆风 E32 车型)”、专利号为 201330528226.5 的外观设计专利,专利权人是江铃控股有限公司(简称江铃公司)。针对涉案专利,捷豹路虎有限公司(简称路虎公司)、杰拉德·加布里埃尔·麦戈文(简称麦戈文)以涉案专利不符合 2008 年修正的《中华人民共和国专利法》(简称 2008 年专利法)第二十三条第一款、第二款为由分别提出无效宣告请求。国家知识产权局专利复审委员会(简称专利复审委员会)认为,涉案专利与对比设计在整体视觉效果上没有明显区别,涉案专利不符合 2008 年专利法第二十三条第二款的规定,遂以第 29146 号无效宣告请求审查决定,宣告涉案专利权全部无效。江铃公司不服,提起行政诉讼。北京知识产权法院一审认为,涉案专利与对比设计在前车灯、进气格栅、细长进气口、雾灯、贯通槽、辅助进气口、倒 U 形护板、后车灯、装饰板、车牌区域及棱边等部位存在不同的设计特征,其组合后形成的视觉差异对 SUV 类型汽车的整体外观产生了显著的影响,足以使一般消费者将涉案专利与对比设计的整体视觉效果相区分。相比于相同点,上述不同点对于涉案专利与对比设计的整体视觉效果更具有显著影响,故涉案专利与对比设计具有明显区别。据此,判决撤销被诉决定,并判令专利复审委员会重新作出无效宣告请求审查决定。专利复审委员会、路虎公司和麦戈文均不服一审判决,提起上诉。北京市高级人民法院二审认为,从整体上观察,涉案专利与对比设计在车身前面和后面形成的视觉效果差异在整体视觉效果中所占的权重要明显低于两者之间相同点所产生的趋同性视觉效果的权重。涉案专利与对比设计相比,二者之间的差异未达到“具有明显区别”的程度,涉案专利不符合2008年专利法第二十三条第二款规定的授权条件,应当予以宣告无效。判决撤销一审判决,并驳回江铃公司的诉讼请求。

|典型意义|

本案是一起社会关注度高、案情疑难复杂的汽车外观设计专利无效行政案件,受到了国内外及社会各界的广泛关注。二审法院依法宣告涉案专利权无效,体现了中国法院对于中外权利人合法利益的平等保护,彰显了中国加强知识产权保护、塑造良好营商环境的决心。同时,本案也是一起充分体现知识产权司法保护,明晰规则、引导和激励创新作用的典型案例。二审判决指出,判断具体设计特征对整体视觉效果的影响权重,应当基于一般消费者的知识水平和认知能力,从外观设计的整体出发,对其全部设计特征进行整体观察,在考察各设计特征对外观设计整体视觉效果影响程度的基础上,对能够影响整体视觉效果的所有因素进行综合考量。在判断具体特征对整体视觉效果的影响权重时,不能仅根据直观的视觉感知或者根据该特征在外观设计整体中所占比例的大小即贸然得出结论,而应当以一般消费者对设计空间的认知为基础,结合相应设计特征在外观设计整体中所处的位置、是否容易为一般消费者观察到,并结合该设计特征在现有设计中出现的频率以及该设计特征是否受到功能、美感或技术方面的限制等因素,确定各个设计特征在整体视觉效果中的权重。该案的裁判结果,对中国汽车产业汽车外观设计领域的发展具有重要的导向作用。

案例 5

“伙拍小视频”侵害作品信息网络传播权纠纷案

北京微播视界科技有限公司与百度在线网络技术(北京)有限公司、百度网讯科技有限公司侵害作品信息网络传播权纠纷案〔北京互联网法院(2018)京 0491 民初 1 号民事判决书〕

|案情摘要|

北京微播视界科技有限公司(简称微播视界公司)是抖音平台的运营者。百度在线网络技术(北京)有限公司、百度网讯科技有限公司(合称百度公司)是伙拍平台的运营者。汶川特大地震十周年之际,2018 年 5 月 12 日,抖音平台的加 V 用户“黑脸 V”响应全国党媒信息公共平台(简称党媒平台)和人民网的倡议,使用给定素材,制作并在抖音平台上发布“5 · 12,我想对你说”短视频(简称“我想对你说”短视频)。经“黑脸 V”授权,微播视界公司对“我想对你说”短视频在全球范围内享有独家排他的信息网络传播权及独家维权的权利。伙拍小视频手机软件上传播了“我想对你说”短视频,该短视频播放页面上未显示有抖音和用户 ID 号水印。微播视界公司以“我想对你说”短视频构成以类似摄制电影的方法创作的作品(简称类电作品),百度公司上述传播和消除水印的行为侵犯了微播视界公司的信息网络传播权为由,提起诉讼。北京互联网法院一审认为,“我想对你说”短视频构成类电作品,百度公司作为提供信息存储空间的网络服务提供者,对于伙拍小视频手机软件用户的提供被控侵权短视频的行为,不具有主观过错,在履行了"通知—删除"义务后,不构成侵权行为,不应承担相关责任,判决驳回微播视界公司的全部诉讼请求。

| 典型意义 |

本案为 2018 年度"中国十大传媒法事例"之一,引发了各界的广泛关注。本案涉及短视频节目能否得到著作权法保护、给予何种程度保护等一系列新类型法律问题的解决,对人民法院如何在著作权司法实践中平衡好创作与传播、权利人与网络服务提供者以及社会公众的利益关系,提出了新的挑战。与传统类型的电影作品相比,短视频时间较短,是否具备著作权法对保护客体提出的"独创性"要求,是本案双方当事人争议的焦点。人民法院在本案中充分贯彻合理确定不同领域知识产权的保护范围和保护强度的司法政策,根据著作权关于文学艺术类作品在作品特性、创作空间等方面的特点,充分考虑"互联网+"背景下创新的需求和特点,合理确定了本案短视频节目独创性的尺度,正确划分了著作权范围与公共领域的界限,充分实现了保护知识产权与促进创新、推动产业发展和谐统一。

案例 6

“郑单958”植物新品种侵权纠纷案

北京德农种业有限公司、河南省农业科学院与河南金博士种业股份有限公司侵害植物新品种权纠纷案〔河南省高级人民法院(2015)豫法知民终字第00356号民事判决书〕

| 案情摘要 |

“郑单958”玉米杂交品种是由母本“郑58”与已属于公有领域的父本“昌7—2”自交系品种杂交而成。“郑58”和“郑单958”的植物新品种权人分别为河南金博士种业股份有限公司(简称金博士公司)和河南省农业科学院(简称农科院)。农科院与北京德农种业有限公司(简称德农公司)签订《玉米杂交种“郑单958”许可合同》及补充协议,许可德农公司在一定期限内销售“郑单958”玉米杂交种并约定许可费用,对于德农公司为履行合同而进行制种生产过程中涉及第三方权益时应由德农公司负责解决。德农公司根据农科院的授权,在取得《农作物种子经营许可证》后,开始在甘肃省大量生产、销售“郑单958”。金博士公司认为德农公司未经许可,为商业之目的擅自使用“郑58”玉米自交系品种生产、繁育“郑单958”玉米杂交品种的行为,构成侵权并提起诉讼,要求德农公司停止侵权、赔偿金博士公司4952万元,并要求农科院承担连带责任。郑州市中级人民法院一审判决德农公司赔偿损失及合理开支4952万元,农科院在300万元内承担责任,驳回金博士公司其他诉讼请求。德农公司和农科院均提起上诉。河南省高级人民法院二审查明,农科院和金博士公司实行相互授权模式,德农公司接受许可生产过程中涉及第三方权益时应由德农公司负责,与农科院无关。故判决维持一审法院关于赔偿和合理支出的判项,撤销一审法院关于农科院承担连带责任的判项。

|典型意义|

本案是关于在玉米杂交种生产中涉及杂交种和其亲本的关系问题而引发的植物新品种侵权纠纷。该案涉及的"郑单958"玉米杂交种,因是由母本与父本自交系种杂交而成,只要生产繁育"郑单958"玉米杂交种,就必须使用母本"郑58"玉米自交系种。在生产繁育"郑单958"玉米杂交种时,不仅要得到"郑单958"杂交种权利人的许可,还要得到母本"郑58"自交系种权利人的同意。法院考虑到加强植物新品种权保护有助于推动国家"三农"政策,德农公司已经取得"郑单958"杂交种权人的授权许可,并已支付相应的使用费,为生产"郑单958"杂交种花费了大量的人力物力,若禁止德农公司使用母本"郑58"自交种生产"郑单958"玉米杂交种,将造成巨大的经济损失。因培育"郑单958"玉米杂交种仍需要使用母本"郑58"自交系种,通过支付一定的赔偿费能够弥补金博士公司的损失。综合以上因素,法院对金博士公司要求德农公司停止使用"郑58"自交系种生产"郑单958"玉米杂交种的请求未予支持。但根据侵权人的主观过错、获利情况、不停止使用"郑58"自交系种生产至保护期满的继续获利情况等因素,对权利人请求的4952万元的赔偿数额和合理支出予以全额支持,较好地平衡了各方当事人的利益。

案例 7

"金山毒霸"不正当竞争纠纷案

北京猎豹网络科技有限公司、北京猎豹移动科技有限公司、北京金山安全软件有限公司与上海二三四五网络科技有限公司不正当竞争纠纷上诉案〔上海知识产权法院(2018)沪73民终5号民事判决书〕

| 案情摘要 |

上海二三四五网络科技有限公司(简称二三四五公司)系2345网址导航、2345王牌浏览器的经营者,其中2345网址导航在中国网址导航市场中排名前列。北京猎豹网络科技有限公司、北京猎豹移动科技有限公司、北京金山安全软件有限公司(简称三被告公司)共同经营金山毒霸软件,并通过以下六类行为将终端用户设定的2345网址导航主页变更为由北京猎豹移动科技有限公司主办的毒霸网址大全:1. 通过金山毒霸的"垃圾清理"功能变更浏览器主页。2. 通过金山毒霸升级程序的"一键清理"弹窗,默认勾选"立即锁定毒霸网址大全为浏览器主页,保护浏览器主页不被篡改"。无论用户是否取消该勾选,浏览器主页均被变更。3. 通过金山毒霸的"一键云查杀""版本升级""浏览器保护"等功能变更浏览器主页,并针对不同浏览器进行区别对待。4. 通过金山毒霸的"安装完成"弹窗,默认勾选"设置毒霸导航为浏览器主页"。无论用户是否取消该勾选,浏览器主页均被变更。5. 通过金山毒霸"开启安全网址导航,防止误入恶意网站"弹窗,诱导用户点击"一键开启"变更浏览器主页。6. 通过金山毒霸的卸载程序篡改用户计算机注册表数据以变更浏览器主页。二三四五公司以上述行为构成篡改主页、劫持流量等不正当竞争行为为由,提起诉讼。上海市浦东新区人民法院一审认为,三被告公司在发挥安全软件正常功能时未采取必要且合理的方式,超出合理限度实施了干预其他软件运行的行为,不仅违反了诚实信用原则和公认的商业道德,还违反了平等竞争的原则。遂判决三被告公司承担停止侵权行为并赔偿经济损失的法律责任。上海知识产权法院二审判决驳回上诉、维持原判。

| 典型意义 |

公平有序、充满活力的竞争机制是释放各类创新主体创新活力的重要保障。随着互联网技术的不断发展,网络环境下的市场竞争行为日趋激烈,流量成为经营主体在互联网空间中的重要争夺目标。本案涉及网络环境下竞争行为正当性的判断,法院认为,安全类软件在计算机系统中拥有优先权限,但经营者对该种特权的运用应当审慎,对终端用户及其他服务提供者的干预行为应以"实现功能所必需"为前提。以保障计算机系统安全为名,通过虚假弹窗、恐吓弹窗等方式擅自变更或诱导用户变更其浏览器主页,不正当地抢夺流量利益的行为,不仅损害了其他经营者的合法权益,也侵害了终端用户的知情权与选择权,有违诚实信用原则和公认的商业道德。人民法院在本案既注意审查被诉侵权行为是否符合法律明文列举的行为类型,也充分注意综合评估该行为对竞争的积极和消极效果,妥善地处理好了技术创新与竞争秩序维护之间的关系。

案例 8

涉及快播公司著作权行政处罚案

深圳市快播科技有限公司与深圳市市场监督管理局、深圳市腾讯计算机系统有限公司著作权行政处罚纠纷案〔广东省高级人民法院（2016）粤行终492 号行政判决书〕

|案情摘要|

腾讯公司从权利人处获得涉案 24 部作品信息网络传播权的独家许可之后，又将其中 13 部作品的信息网络传播权以直接分销或版权等值置换等方式非独家许可第三方使用。根据腾讯公司提交的合同显示，该 13 部作品的分销或者置换价格总计人民币 8671.6 万元。2014 年 3 月 18 日，腾讯公司向深圳市市场监督管理局（简称市场监管局）投诉称，快播公司侵害了其享有的涉案作品信息网络传播权，请求予以查处。市场监管局向深圳市盐田公证处申请证据保全公证。公证书显示，在手机上登录快播客户端搜索涉案 24 部影视作品，每一部影视作品首选链接均为“腾讯视频”，点击“腾讯视频”旁的下拉选项，均有其他链接（多数伪造成乐视网、优酷、电影网等知名视频网站）；点击其他链接播放具体集数，视频显示的播放地址均是一些不知名的、未依法办理备案登记的网站。2014 年 6 月 26 日，市场监管局作出《行政处罚决定书》（深市监稽罚字〔2014〕123 号），决定：一、责令立即停止侵权行为；二、处以非法经营额 3 倍的罚款 26014.8 万元人民币。快播公司申请行政复议，广东省版权局于2014年9月11日作出《行政复议决定书》,维持市场监管局的行政处罚决定。快播公司起诉至深圳市中级人民法院,请求判令撤销《行政处罚决定书》。深圳市中级人民法院驳回快播公司的诉讼请求,广东省高级人民法院维持一审判决。

|典型意义|

本案社会关注度高。腾讯公司、快播公司均为互联网领域受众较多的企业,案件涉及的处罚金额亦高达26014.8万元,受到社会各界的高度关注。案件的法律适用不仅涉及知识产权民事、行政以及破产等多部门法的交织,程序及实体问题繁杂,还涉及著作权民事侵权行为是否同时损害公共利益、如何认定互联网企业存在非法获利以及非法经营额的计算等法律问题的适用。该案的判决起到了惩处侵权、净化版权市场的良好社会效果,对于促进依法行政与加强知识产权保护、规范互联网市场的竞争秩序均有积极的导向作用。

案例 9

“新百伦”诉中行为保全司法制裁案

晋江市青阳新钮佰伦鞋厂、郑朝忠;莆田市荔城区搏斯达克贸易有限公司因新百伦贸易(中国)有限公司与深圳市新平衡运动体育用品有限公司等侵害商标权及不正当竞争纠纷拒不履行该保全裁定被处法定最高限额司法制裁案〔江苏省高级人民法院(2017)苏司惩复 19 号复议决定书;(2018)苏司惩复 4 号复议决定书〕

| 案情摘要 |

美国新平衡体育运动公司(简称新平衡公司)享有第 4207906 号“NEW BALANCE”、第 G944507 号注册商标专用权。该公司相关运动鞋的装潢设计已由多个生效民事判决、行政处罚决定书认定为知名商品特有装潢。新平衡公司授权原告新百伦贸易(中国)有限公司(简称新百伦公司)在中国境内非独占地使用相关知识产权生产销售 New Balance 运动鞋,并对侵犯新平衡公司知识产权的行为单独或与其共同提起诉讼。2014 年,郑朝忠在美国成立名为“USA New BaiLun Sporting Goods Group Inc”公司,其将该公司名称翻译为“美国新百伦体育用品集团有限公司”。该美国公司授权国内郑朝忠个人独资的深圳市新平衡运动体育用品有限公司(简称深圳新平衡公司)、郑朝忠经营的个体工商户晋江市青阳新钮佰伦鞋厂(简称新钮佰伦鞋厂)及莆田市荔城区搏斯达克贸易有限公司(简称搏斯达克公司)等生产销售涉案被控侵权运动鞋并进行宣传。新百伦公司认为深圳新平衡公司等被告的行为侵犯其商标权并构成不正当竞争,向苏州市中级人民法院(简称苏州中院)提起诉讼。

新百伦公司在起诉时,申请了诉中行为保全,要求深圳新平衡公司等被申请人立即停止在其官网上使用涉案商标,立即删除其官网、微信、微博等有关虚假宣传的内容。苏州中院作出(2016)苏05民初537号行为保全裁定书,责令深圳新平衡公司等被申请人立即停止生产、销售涉案鞋类产品,立即删除在官网、微信、微博等虚假宣传的有关内容,并向相关被申请人送达。在涉案被申请人拒绝履行生效裁定后,苏州中院又通过直接送达和邮寄送达的方式向被申请人送达了《告知书》,告知其应立即履行生效裁定及拒不履行的法律后果。深圳新平衡公司、搏斯达克公司、新钮佰伦鞋厂、郑朝忠仍未履行。苏州中院据此作出(2017)苏05司惩001号决定书,决定对深圳新平衡公司处以100万元罚款;对搏斯达克公司处以50万元罚款;对新钮佰伦鞋厂处以10万元罚款;对郑朝忠处以10万元罚款。新钮佰伦鞋厂、郑朝忠,以及搏斯达克公司不服罚款决定,分别向江苏省高级人民法院申请复议。江苏省高级人民法院分别作出(2017)苏司惩复19号、(2018)苏司惩复4号复议决定书,驳回新钮佰伦鞋厂、郑朝忠以及搏斯达克公司复议请求,维持苏州中院(2017)苏05司惩001号决定书。

|典型意义|

行为保全措施对知识产权权利人及时制止侵权行为、获得司法救济具有积极的作用。人民法院在审理涉案侵犯商标权和不正当竞争纠纷案件中,依据当事人的申请作出诉中行为保全裁定。在被申请人拒不履行诉中行为保全裁定的情况下,人民法院又依据民事诉讼法关于妨害民事诉讼措施的相关规定,对被申请人的行为进行了罚款。本案法院作出的行为保全裁定及罚款决定、复议决定,不仅彰显了我国平等保护中外当事人合法权利及维护司法权威的立场,且通过详细的说理阐明了知识产权诉讼中采取行为保全措施的审查条件,包括担保数额等考量因素的法律适用,也表明了人民法院对拒不履行生效裁定依法坚决予以制裁的鲜明态度。

案例 10

非法制造注册商标标识罪案

被告人李功志、巫琴非法制造注册商标标识罪案〔广东省深圳市中级人民法院(2018)粤 03 刑终 655 号刑事判决书〕

|案情摘要|

涉案"HUAWEI"、"SΛMSUNG"商标核定使用在第 9 类包括手机用液晶显示屏在内的商品上。经查明,2016 年 8 月起,被告人李功志、巫琴等人未经商标权人授权,加工生产假冒"三星"、"华为"注册商标的手机玻璃面板,将排线贴附到手机盖板上。被告人李功志是该工厂的日常管理者,负责对工厂的机器设备进行调试以及对员工进行管理。被告人巫琴协助李功志管理工厂,每加工完成一个手机玻璃面板收取客户 1—1. 8 元不等的加工费。2016 年 11 月 21 日 20 时许,民警抓获被告人李功志、巫琴,并当场查获假冒"三星"手机玻璃面板 10100 个、"华为"手机玻璃面板 1200 个、销售单据 16 张及送货单 2 本。按被害单位报价计,所缴获面板共计价值人民币 648000 元。广东省深圳市宝安区人民法院一审根据被害单位出具的价格说明,以非法经营数额作为量刑标准作出认定。深圳市中级人民法院二审对此予以纠正。认为在无法查明实际销售价格和市场中间价格的情况下,应按照刑法规定的销售伪造、擅自制造两种以上注册商标标识数量予以量刑处罚。二审法院据此判决李功志犯非法制造注册商标标识罪,判处有期徒刑二年,并处罚金人民币五万元;判决巫琴犯非法制造注册商标标识罪,判处有期徒刑一年,并处罚金人民币六千元。

|典型意义|

本案涉及非法制造注册商标标识罪案件中经营数额认定的证据采信标准。明确了相关司法解释中关于市场中间价认定标准的适用,对涉知识产权犯罪中非法经营数额证据的认定标准具有示范性作用。

依法平等保护民营企业家人身财产安全十大典型案例

案例 1 张文中诈骗、单位行贿、挪用资金再审改判无罪案

案例 2 赵明利诈骗再审改判无罪案

案例 3 顾雏军虚报注册资本、违规披露、不披露重要信息、挪用资金案

案例 4 广州德览公司、徐占伟骗取出口退税无罪案

案例 5 麦赞新职务侵占、挪用资金无罪案

案例 6 山东济南某食品有限公司合并破产和解案

案例 7 安徽合肥金燕园林建设有限公司诉肥西县花岗镇人民政府、肥西县人民政府行政强制案

案例 8 淘宝（中国）软件有限公司诉安徽美景信息科技有限公司不正当竞争纠纷案

案例 9 重庆市磁器口陈麻花食品有限公司与重庆喜火哥饮食文化有限公司九龙坡分公司等侵害商标权及不正当竞争纠纷案

案例 10 上海微微爱珠宝公司、吴微微非法吸收公众存款（宣告无罪）案

案例 1

张文中诈骗、单位行贿、挪用资金再审改判无罪案

|案情简介|

原审被告人张文中,男,汉族,1962 年 7 月 1 日出生,博士研究生文化,原系物美控股集团有限公司董事长。2009 年 3 月 30 日,原审被告人张文中因犯诈骗罪、单位行贿罪、挪用资金罪被判处有期徒刑十二年,并处罚金人民币五十万元。2016 年 10 月,张文中向最高人民法院提出申诉。最高人民法院于 2017 年 12 月 27 日作出再审决定。2018 年 5 月 31 日最高人民法院提审本案后,以认定事实和适用法律错误为由撤销原审判决,改判张文中无罪,原判已执行的罚金及追缴的财产依法予以返还。最高人民法院再审认为,物美集团在申报国债技改贴息项目时,国债技改贴息政策已有所调整,民营企业具有申报资格,且物美集团所申报的物流项目和信息化项目均属于国债技改贴息重点支持对象,符合国家当时的经济发展形势和产业政策。原审被告人张文中、张伟春在物美集团申报项目过程中,虽然存在违规行为,但未实施虚构事实、隐瞒真相以骗取国债技改贴息资金的诈骗行为,并无非法占有 3190 万元国债技改贴息资金的主观故意,不符合诈骗罪的构成要件。故原判认定张文中、张伟春的行为构成诈骗罪,属于认定事实和适用法律错误,应当依法予以纠正。原审被告单位物美集团在收购国旅总社所持泰康公司股份后,给予赵某 30 万元好处费的行为,并非为了谋取不正当利益,亦不属于情节严重,不符

合单位行贿罪的构成要件;物美集团在收购粤财公司所持泰康公司股份后,向李某3公司支付500万元系被索要,且不具有为谋取不正当利益而行贿的主观故意,亦不符合单位行贿罪的构成要件,故物美集团的行为不构成单位行贿罪,张文中作为物美集团直接负责的主管人员,对其亦不应以单位行贿罪追究刑事责任。原判认定物美集团及张文中的行为构成单位行贿罪,属于认定事实和适用法律错误,应当依法予以纠正。原判认定张文中挪用资金归个人使用、为个人谋利的事实不清、证据不足。故原判认定张文中的行为构成挪用资金罪,属于认定事实和适用法律错误,应当依法予以纠正。

|典型意义|

张文中再审案件是在全面依法治国、加强产权和企业家权益保护大背景下最高法院依法纠正涉产权和企业家冤错案件第一案,为纠正涉产权和涉民营企业冤错案件、落实产权司法保护树立了典范和标杆。保护民营企业合法利益是维护社会主义市场经济健康发展核心内容。张文中案被依法改判,贯彻落实了党中央依法平等保护各类所有制经济产权、保护民营企业产权的政策,体现了人民法院纠正冤错案件的决心和坚持,体现了罪刑法定等法治原则,体现了人民法院坚持以事实为根据、以法律为准绳的担当精神,对于稳定民营企业家预期,保障民营企业家安心干事创业,具有重大示范意义。

案例 2

赵明利诈骗再审改判无罪案

|案情简介|

1994年8月时为辽宁省鞍山市立山区春光铆焊加工厂厂长的赵明利,因涉嫌诈骗被鞍山市公安局收容审查,后执行逮捕。1998年9月14日鞍山市千山区人民检察院向鞍山市千山区人民法院提起公诉,指控赵明利犯诈骗罪。1998年12月24日千山区人民法院经审理后判决,赵明利犯诈骗罪证据不足,宣告无罪。宣判后,鞍山市千山区人民检察院提起抗诉。1999年6月3日鞍山市中级人民法院作出终审判决,认定被告人赵明利利用东北风冷轧板公司管理不善之机,采取提货不付款的手段,撤销一审判决,认定赵明利犯诈骗罪,判处有期徒刑五年,并处罚金人民币20万元。判决发生法律效力后,原审被告人赵明利提出申诉,并分别被鞍山市中院、辽宁省高院予以驳回。2015年7月21日赵明利因病死亡。赵明利妻子马英杰以赵明利的行为不构成犯罪为由,向最高法院提出申诉。2018年7月27日最高人民法院作出再审决定,提审本案,并依法组成合议庭。鉴于赵明利已经死亡,根据相关法律、司法解释的规定,依照第二审程序对本案进行了书面审理。认定如下事实:原审被告人赵明利在担任厂长并承包经营的集体所有制企业鞍山市立山区春光铆焊加工厂期间,虽有4次提货未结算,但赵明利在提货前均向东北风冷轧板公司财会部预交了支票,履行了正常的提货手续。有证据表明,其在被指控的4次提货行为发生期间及发生后,仍持续进行转账支付货款,具有积极履行支付货款义务的意思表示，且赵明利从未否认提货事实的发生，亦未实施逃匿行为，故不能认定为是虚构事实、隐瞒真相的行为。据此，赵明利主观上没有非法占有的目的，客观上亦未实施虚构事实、隐瞒真相的行为，不符合诈骗罪的构成要件，不构成诈骗罪。

|典型意义|

赵明利案再审是最高人民法院第二巡回法庭敲响的东北地区保护企业家人身和财产安全的第一槌。该案中赵明利被改判无罪的关键点在于，厘清了经济纠纷和刑事犯罪的界限。本案中，赵明利未及时支付货款的行为，既未实质上违反双方长期认可的合同履行方式，也未给合同相对方造成重大经济损失，尚未超出普通民事合同纠纷的范畴。严格区分经济纠纷与刑事诈骗犯罪，不得动用刑事强制手段介入正常的民事活动，侵害平等、自愿、公平、自治的市场交易秩序，用法治手段保护健康的营商环境。

案例3

顾雏军虚报注册资本、违规披露、不披露重要信息、挪用资金案

|案情简介|

2005 年 7 月,格林柯尔系创始人顾雏军因涉嫌虚假出资、虚假财务报表、挪用资产和职务侵占等罪名被警方拘捕。2008 年 1 月 30 日,广东佛山市中院对格林柯尔系掌门人顾雏军案作出一审判决,顾雏军因虚报注册资本罪、违规披露和不披露重要信息罪、挪用资金罪,决定执行有期徒刑十年,并处罚金人民币 680 万元。宣判后,顾雏军提出上诉。2009 年 3 月 25 日,广东省高级人民法院作出刑事裁定:驳回上诉,维持原判。顾雏军刑满释放后,向最高人民法院提出申诉。2017 年 12 月 28 日,最高人民法院公布人民法院依法再审三起重大涉产权案件,顾雏军案将由最高人民法院第一巡回法庭提审。2018 年 6 月 13 日,最高人民法院第一巡回法庭公开开庭审理原审被告人顾雏军等虚报注册资本,违规披露、不披露重要信息,挪用资金再审一案。2019 年 4 月 10 日,最高法终审判决:撤销顾雏军原判部分量刑,改判有期徒刑五年。

最高人民法院经再审认为,原审认定顾雏军、刘义忠、姜宝军、张细汉在申请顺德格林柯尔变更登记过程中,使用虚假证明文件以 6.6 亿元不实货币置换无形资产出资的事实存在,但该行为系当地政府支持顺德格林柯尔违规设立登记事项的延续,未造成严重后果,且相关法律在原审时已进行修改,使本案以不实货币置换的超出法定上限的无形资产所占比例由原来的 55%降低

至5%,故顾雏军等人的行为情节显著轻微危害不大,不认为是犯罪;原审认定科龙电器在2002年至2004年间将虚增利润编入财会报告予以披露的事实存在,对其违法行为可依法予以行政处罚,但由于在案证据不足以证实科龙电器提供虚假财会报告的行为已造成刑法规定的"严重损害股东或者其他人利益"的后果,不应追究相关人员的刑事责任;原审认定顾雏军、姜宝军挪用扬州亚星客车6300万元给扬州格林柯尔的事实不清,证据不足,且适用法律错误,不应按犯罪处理,但原审认定顾雏军、张宏挪用科龙电器2.5亿元和江西科龙4000万元归个人使用,进行营利活动的事实清楚,证据确实、充分,顾雏军及其辩护人提出的科龙集团欠格林柯尔系公司巨额资金的意见,与事实不符,不能成立。顾雏军、张宏的行为均已构成挪用资金罪,且挪用数额巨大。鉴于挪用资金时间较短,且未给单位造成重大经济损失,依法可对顾雏军、张宏从宽处罚。

|典型意义|

顾雏军案再审改判,向全社会释放了产权司法保护的积极信号,把党中央关于加强产权司法保护的精神落到了实处,对于激发企业家创业创新动力,营造良好营商环境,促进经济社会持续健康发展,都具有十分重要的意义。本案中三个罪名的认定都体现了程序法治和证据裁判的基本要求,就是认定案件事实必须以证据为根据,认定事实的证据必须是合法收集的,必须是客观真实的。该案的再审促使社会各界更加关注产权的保护制度,关注良好的营商环境,关注企业的合法合规制度。同时为司法机关办理类似案件要坚持谦抑原则,要慎重启动程序,慎重采取强制措施,在罪与非罪的把握边界上要更加严格,严格贯彻罪刑法定、疑罪从无、非法证据排除这些基本的原则,树立了典范。

案例 4

广州德览公司、徐占伟骗取出口退税无罪案

|案情简介|

广州德览贸易有限公司(以下简称德览公司)为外贸企业,具有进出口经营权和出口退税权,徐占伟任该公司法定代表人,为该公司的实际负责人。2013年,经与林某坤、张某萌商议,徐占伟同意林某坤、张某萌挂靠德览公司从事服装出口业务,由德览公司负责提供加盖公章的空白采购合同和报关单给林某坤、张某萌,由林某坤、张某萌自行负责组织货源和自行报关出口,德览公司在收到林某坤、张某萌提供的出口合同、报关单证及发票等资料后,再向国税部门申请退税,并按照出口金额每美元收取人民币0.03元至0.05元的比例收取手续费。2013年10月至2014年11月间,德览公司通过上述方式共接收林某坤、张某萌提供的由内蒙古自治区赤峰市金金服装加工有限公司(以下简称赤峰金金公司)、内蒙古自治区赤峰市兴兴绒毛服装加工有限公司(以下简称赤峰兴兴公司)、山东省乳山市超越服装有限公司(以下简称乳山超越公司)、河北省巨鹿县恒合绒毛制品厂(以下简称巨鹿县恒合厂)等四家公司开具的增值税专用发票930份,并持其中的900份发票向国家税务部门申报出口退税,共计申请退税款人民币13982187.38元,其中已经实际退税人民币10256301.61元,所申请的退税款扣除应收取的挂靠费后,余款均汇入林某坤指定的账户。

广东省广州市中级人民法院认为，德览公司以及直接负责的主管人员徐某某，利用德览公司作为进出口公司可以申请退税的资质，为他人提供挂靠服务，在不见客户、不见货物、不见外商的情况下，允许挂靠人自带客户、自带货源、自行报关从事出口业务，并持挂靠人提供的发票申请退税，显属违法违规行为。但本案并无证据证实德览公司主观上明知挂靠人具有骗取出口退税的故意，不能排除德览公司确系被挂靠人蒙蔽的合理怀疑。德览公司及其诉讼代表人、徐某某及其辩护人所提辩护意见合理，依法予以采纳。公诉机关指控德览公司、徐某某骗取出口退税的事实不清，证据不足，指控的罪名不能成立。遂判决德览公司和徐占伟无罪。

| 典型意义 |

依法坚守罪与非罪的边界，加大民营企业家的人身和财产保护力度，增强了民营企业家的安全感。切实保护了民营企业家的合法权益，将习近平总书记的指示和《中共中央　国务院关于完善产权保护制度依法保护产权的意见》关于“以发展眼光客观看待和依法妥善处理改革开放以来各类企业特别是民营企业经营过程中存在的不规范问题”的要求落到实处。本案对于指导全国各级法院在司法审判中按照罪刑法定、疑罪从无原则以发展的眼光看待民营企业发展中的不规范问题，具有重要的指导意义。

案例 5

麦赞新职务侵占、挪用资金无罪案

|案情简介|

2003年初,东莞市大岭山镇颜屋村委会有土地出让进行房地产开发,麦赞新与陈某龙、苏某波等人与该村委会负责人商谈后,麦赞新代表长新公司与该村委会于2003年4月5日签订了《土地使用权转让合同书》,开发面积约750亩。同年4月7日,长新公司按照约定支付20万元订金给颜屋村委会。之后,因东莞市大岭山镇政府不认可上述合同,合同未能履行。

2003年4月18日,东亚公司注册成立,由麦赞新、蔡某红投入注册资金50万元,登记股东为麦赞新、陈某龙和苏某波,其中麦赞新、陈某龙各占42.5%的股份,苏某波占15%的股份,麦赞新任该公司法定代表人。2003年7月10日,麦赞新代表东亚公司与东莞市大岭山镇房地产开发公司、颜屋村委会在大岭山镇法律服务所见证下签订了《土地使用权转让合同书》,取得颜屋村委会上述约750亩土地进行开发。随后,东亚公司陆续支付土地投资款,2003年7月25日,以东亚公司的名义转付610万元给大岭山镇资产公司作为商住用地指标费;同年11月11日,以东亚公司名义转款200万元给大片美村购买用地指标;同年8月1日、12月19日,以东亚公司的名义各转100万元给颜屋村。截至2003年12月19日,以东亚公司的名义共向该土地投资项目支付10100500元。

2004年1月,麦赞新以东亚公司法定代表人的身份要求将上述《土地使用权转让合同书》终止履行，并以长新公司名义重新与颜屋村委会和大岭山镇房地产开发公司签订新的《土地使用权转让合同书》。此后，麦赞新以其夫妻名下的长新公司等多个公司名义支付上述土地开发相关款项。

2005 年 6 月 9 日，麦赞新与陈某龙用两人共有的厂房做抵押，以东亚公司名义向农行长安支行贷款 660 万元，随后麦赞新将上述 660 万元贷款中的 50 万元用于支付该笔贷款利息，余款 610 万元用于麦名下的长新等多家公司的经营活动。2006 年 4 月 30 日，陈某龙向东莞市公安局报案称，麦赞新利用担任东亚公司法定代表人的职务便利侵占该公司的权益。2006 年 8 月 16 日，麦赞新提前偿还上述尚未到期的贷款。

2018 年 1 月 2 日，广东省高级人民法院裁定维持原无罪判决。

| 典型意义 |

严格把握民事纠纷与犯罪界限，依法保护企业家人身自由权利。公司合伙人之间的经济利益之争，可以通过和解、调解及民事诉讼等方式来解决，正常的民事纠纷不应被作为犯罪处理。刑事司法应牢固树立谦抑、文明等理念，刑法介入经济活动应谨守最后手段性的原则，切实依法维护企业家人身安全，为经济健康发展提供有力司法服务和保障。

案例 6

山东济南某食品有限公司合并破产和解案

|案情简介|

济南某食品有限公司始建于1981年,主要生产冷冻饮品、糕点等,济南某实业有限公司是该食品有限公司投资的关联企业。经过近40年的发展,两公司成为年生产能力超8万吨,年产值达8亿元,拥有7000家零售网点的行业龙头企业。企业蓬勃发展的同时,积累大量房地产用于经营或出租。后因两公司互保联保、对外担保导致资金链断裂,于2015年底被迫停产。企业资产被多家法院查封冻结,面临拍卖抵偿担保之债的境地,经市政府成立专门清算小组进行清算仍无法解困。2016年9月5日,济南中院裁定受理债权人对两公司的破产清算申请,该案涉及债权人总计840余户,债权总额8.7亿元,其中仅企业向职工、家属及其他个人借款金额即高达5亿余元。进入破产程序前,部分债权人通过各种手段向企业及实际控制人追讨债务,民间矛盾极为尖锐,在社会上造成了广泛的不良影响。

针对两公司现实情况,继续实施破产清算,势必造成企业主体的消亡、知名品牌的消失,同时也会导致债权人清偿比率低、职工失业等一系列问题。在充分论证企业资产现状、债权人需求和职工就业等因素后,济南中院经与管理人、企业负责人共同研究,最终确定了两公司合并和解的努力方向,实施“瘦身式和解”方案,即剥离债务人非核心资产,战略性处置两公司不动产用以清偿债务,仅保留核心生产线以保障公司畅销冷食生产销售的核心竞争力,最终实现企业瘦身并摆脱债务泥潭的目的。经共同努力,2017 年 10 月 17 日,济南中院裁定认可两公司合并和解协议。历时一年零一个月,合并和解最终取得成功,实现了 840 余户债权人权益最大化,保障了职工利益,挽救了知名企业。

| 典型意义 |

本案创新适用破产和解程序,提升企业偿债能力,保存核心生产力,剥离非主营资产,高比例清偿债权,实现了企业整体脱困重生。破产和解程序的适用,能够延续企业文化,保持企业股东、管理层、职工的整体稳定,避免破产重整中新投资者与原企业员工的基因排异,具有程序便于操作、无须分组表决,司法成本相对较低的优势。该案是关联企业合并破产的有益尝试,也是运用法治化、市场化思维挽救有价值企业的有益探索,实现了相关利害关系人多方共赢,有力维护了社会和谐稳定,取得了良好的法律效果和社会效果。这一案件的成功处置,对于人民法院正确适用破产和解程序,帮助企业提升偿债能力,实现企业整体脱困重生具有典型意义。

案例 7

安徽合肥金燕园林建设有限公司诉肥西县花岗镇人民政府、肥西县人民政府行政强制案

|案情简介|

2011 年 12 月 20 日,合肥金燕园林建设有限公司与安徽省肥西县花岗镇陶店村村民委员会签订一份《农村土地承包经营权流转合同》,约定合肥金燕园林建设有限公司流转坐落于花岗镇陶店村七个村民组 773.24 亩(含塘口面积 55.73 亩)土地,用于苗木花卉种植经营。流转期限自 2011 年 12 月 20 日到 2025 年 9 月 20 日,前述协议的签订由安徽省肥西县花岗镇农业经营管理站见证。2015 年 3 月 8 日,安徽省人民政府下发《关于进一步加快安徽铁路建设的若干意见》(皖政[2015]27 号),为加快安徽省铁路发展,将包括本案"合安客专线"在内的多条线路纳入建设任务。2016 年 7 月 21 日,国土资源部办公厅批复了安徽省国土资源厅《关于建设合肥至安庆铁路工程建设项目先行用地的请示》,同意先行用地 140.0351 公顷。2016 年 9 月 3 日,安徽省城建设计研究总院有限公司作出《土地勘测定界技术报告书》,对新建合肥至安庆铁路合肥市肥西县段项目进行勘测定界,案涉项目经过本案原告经营苗木所在地块,需要征迁本案原告承租经营地块上面积约为 50 亩的苗木。2016 年 12 月 16 日,安徽省肥西县人民政府作出《关于花岗镇合安高铁、合九绕城联络线项目征迁标准的批复》(肥政秘[2016]128 号),对安徽省肥西县花岗

镇人民政府《关于要求批准花岗镇合安客专、合九绕城联络线征迁项目涉及村庄拆迁标准的请示》予以批复，有关青苗补偿标准为《肥西县被征收土地上房屋其他附着物及青苗补偿标准》，其中第五条第二款规定："在征地告知后，凡在拟征土地上抢建、抢栽、抢种的地上附着物和青苗，征地时一律不予补偿"。2017 年 1 月 3 日，合肥市铁路建设协调领导小组办公室发文《关于印发合安高铁合肥地区征地拆迁工作布置会会议纪要的通知》（合铁办［2017］1号），明确沿线县（区）政府作为征地拆迁工作的责任主体。同年 1 月 10 日，合肥金燕园林建设有限公司、花岗镇政府以及安徽中信房地产土地资产价格评估有限公司，共同对被征迁苗木地块进行现场勘验，并制作相应笔录，对案涉苗木树种、规格、数量予以确认，各方均签字确认。同年 3 月 1 日，花岗镇政府向合肥金燕园林建设有限公司送达《合安客专红线范围内苗木迁移的通知》，要求合肥金燕园林建设有限公司在 3 月 8 日前将案涉苗木迁出红线范围外，逾期不迁，视作自动放弃。同年 3 月 3 日，合肥金燕园林建设有限公司向花岗镇政府递交《关于金燕园林公司苗圃拆迁事宜的报告》，表示无力按照前述要求完成搬迁工作，并请镇政府按照评估价回购。同年 3 月 10 日，花岗镇政府组织人员将案涉苗木予以铲除。合肥金燕园林建设有限公司对此不服，起诉至法院，请求确认案涉拆除行为违法。合肥市中级人民法院依法确认花岗镇政府铲除、毁损原告流转安徽省肥西县花岗镇陶店村 50 多亩土地上附着物（苗木、鱼塘）的行政行为违法。宣判后，被告花岗镇政府及安徽省肥西县人民政府未提出上诉。

｜典型意义｜

本案明确在行政审判工作中，应依法对行政机关违法行为予以纠正，对不规范行为予以指引，维护民营企业的合法权益和自主经营权。

行政强制必须依法设定、由法授权、按法实施、受法约束。政府推进重大工程建设，是利国利民的好事，公民、法人或者其他组织予以配合亦属应有之义。但若因此要征收或者征用公民、法人或者其他组织合法财产的，应当给予权利人合法合理的补偿,并且这种补偿也要按照法定程序进行。此外,对于因重大工程进度要求,而要求公民、法人或者其他组织在短期内予以配合的时候,政府亦应给予公民、法人或者其他组织充分的准备时间。对于公民、法人或者其他组织因客观原因无法按期予以配合并已经向政府予以提出的情况下,政府则应当从服务型政府的标准和要求积极采取相应措施,不能只考虑行政效能,而忽视程序正义,采用强制拆除的方式予以处理。人民法院的行政判决应当充分发挥司法的评价、引导功能,加大对侵犯财产权行为的监督力度,从行政强制法的相关规定对本案被告的强制拆除行为予以确认违法,正是这种评价、引导功能的体现。

案例 8

淘宝(中国)软件有限公司诉安徽美景信息科技有限公司不正当竞争纠纷案

| 案情简介 |

淘宝(中国)软件有限公司(以下简称淘宝公司)系淘宝网运营商。淘宝公司开发的“生意参谋”数据产品(以下简称涉案数据产品)能够为淘宝、天猫店铺商家提供大数据分析参考,帮助商家实时掌握相关类目商品的市场行情变化,改善经营水平。涉案数据产品的数据内容是淘宝公司在收集网络用户浏览、搜索、收藏、加购、交易等行为痕迹信息所产生的巨量原始数据基础上,通过特定算法深度分析过滤、提炼整合而成的,以趋势图、排行榜、占比图等图形呈现的指数型、统计型、预测型衍生数据。

安徽美景信息科技有限公司(以下简称美景公司)系“咕咕互助平台”的运营商,其以提供远程登录已订购涉案数据产品用户电脑技术服务的方式,招揽、组织、帮助他人获取涉案数据产品中的数据内容,从中牟利。淘宝公司认为,其对数据产品中的原始数据与衍生数据享有财产权,被诉行为恶意破坏其商业模式,构成不正当竞争。遂诉至法院,请求判令:美景公司立即停止涉案不正当竞争行为,赔偿其经济损失及合理费用500万元。

杭州铁路运输法院经审理认为:1. 关于淘宝公司收集并使用网络用户信息的行为是否正当。涉案数据产品所涉网络用户信息主要表现为网络用户浏览、搜索、收藏、加购、交易等行为痕迹信息以及由行为痕迹信息推测所得出的行为人的性别、职业、所在区域、个人偏好等标签信息。这些行为痕迹信息与标签信息并不具备能够单独或者与其他信息结合识别自然人个人身份的可能性,故不属于《网络安全法》规定的网络用户个人信息,而属于网络用户非个人信息。但是,由于网络用户行为痕迹信息包含有涉及用户个人偏好或商户经营秘密等敏感信息,因部分网络用户在网络上留有个人身份信息,其敏感信息容易与特定主体发生对应联系,会暴露其个人隐私或经营秘密。因此,对于网络运营者收集、使用网络用户行为痕迹信息,除未留有个人信息的网络用户所提供的以及网络用户已自行公开披露的信息之外,应比照《网络安全法》关于网络用户个人信息保护的相应规定予以规制。经审查,淘宝隐私权政策所宣示的用户信息收集、使用规则在形式上符合"合法、正当、必要"的原则要求,涉案数据产品中可能涉及的用户信息种类均在淘宝隐私权政策已宣示的信息收集、使用范围之内。故淘宝公司收集、使用网络用户信息,开发涉案数据产品的行为符合网络用户信息安全保护的要求,具有正当性。2. 关于淘宝公司对于涉案数据产品是否享有法定权益。首先,单个网上行为痕迹信息的经济价值十分有限,在无法律规定或合同特别约定的情况下,网络用户对此尚无独立的财产权或财产性权益可言。网络原始数据的内容未脱离原网络用户信息范围,故网络运营者对于此类数据应受制于网络用户对其所提供的用户信息的控制,不能享有独立的权利,网络运营者只能依其与网络用户的约定享有对网络原始数据的使用权。但网络数据产品不同于网络原始数据,数据内容经过网络运营者大量的智力劳动成果投入,通过深度开发与系统整合,最终呈现给消费者的是与网络用户信息、网络原始数据无直接对应关系的独立的衍生数据,可以为运营者所实际控制和使用,并带来经济利益。网络运营者对于其开发的数据产品享有独立的财产性权益。3. 关于被诉行为是否构成不正当竞争。美景公司未经授权亦未付出新的劳动创造,直接将涉案数据产品作为自己获取商业利益的工具,明显有悖公认的商业道德,如不加禁止将挫伤数据产品开发者的创造积极性,阻碍数据产业的发展,进而影响到广大消费者福祉的改善。被诉行为实质性替代了涉案数据产品,破坏了淘宝公司的商业模式与竞争优势,已构成不正当竞争。根据美景公司公布的相关统计数据估算,其在本案中的侵权获利已超过200万元。

综上,该院于2018年8月16日判决:美景公司立即停止涉案不正当竞争行为并赔偿淘宝公司经济损失(含合理费用)200万元。一审宣判后,美景公司不服,向杭州市中级人民法院提起上诉。杭州市中级人民法院经审理认为,一审判决认定事实清楚,适用法律正确。遂于2018年12月18日判决:驳回上诉,维持原判。

|典型意义|

本案是首例涉及大数据产品权益保护的新类型不正当竞争案件。当前,大数据产业已成为新一轮科技革命和产业变革中一个蓬勃兴起的新产业,但涉及数据权益的立法付诸阙如,相关主体的权利义务处于不确定状态。本案判决确认平台运营者对其收集的原始数据有权依照其与网络用户的约定进行使用,对其研发的大数据产品享有独立的财产性权益,并妥善运用《反不正当竞争法》原则性条款对擅自利用他人大数据产品内容的行为予以规制,依法保护了研发者对大数据产品所享有的竞争优势和商业利益,也为大数据产业的发展营造了公平有序的竞争环境。

案例 9

重庆市磁器口陈麻花食品有限公司与重庆喜火哥饮食文化有限公司九龙坡分公司等侵害商标权及不正当竞争纠纷案

| 案情简介 |

陈昌银系第 3505312 号“陈昌银”商标的注册商标专用权人，该商标核定使用商品(第 30 类)为：麻花、面条等。注册有效期自 2004 年 9 月 7 日至 2014 年 9 月 6 日止，续展注册有效期自 2014 年 9 月 7 日至 2024 年 9 月 6 日止。陈昌银许可原告重庆市磁器口陈麻花食品有限公司(以下简称重庆市陈麻花公司)使用“陈昌银”商标，重庆市陈麻花公司有权以自己名义对“陈昌银”商标向他人提起商标侵权诉讼，参与诉讼程序，并有权以自己名义全权处理“陈昌银”商标的打假、维权事宜。自 2004 年起，“陈昌银”先后被评为中国磁器口民间美食文化节“名优特奖”、重庆市著名商标等称号。2012 年至 2015 年，重庆市陈麻花公司投入大量广告宣传陈昌银麻花。

2015 年 8 月 1 日，被告重庆喜火哥饮食文化有限公司九龙坡分公司(以下简称喜火哥九龙坡分公司)与陈昌江签署《劳动合同》，双方约定陈昌江担任调味师岗位。后陈昌江向喜火哥九龙坡分公司出具姓名使用授权书：同意贵司在贵司生产的麻花包装上、广告上无偿使用本人的名字，并同意贵司将本人的名字申请作为贵司产品的注册商标。喜火哥九龙坡分公司生产的麻花产品包装袋上使用了“陳昌江”“磁器口陈麻花”等标志。原告认为喜火哥九龙坡分公司生产、销售带有“陳昌江”“磁器口陈麻花”标志的麻花产品的行为已构成商标侵权及不正当竞争，遂起诉至法院请求判令重庆喜火哥饮食文化有限公司(以下简称喜火哥公司)、喜火哥九龙坡分公司立即停止在第30类麻花产品包装及淘宝网站上对原告“陈昌银”商标权的侵权行为及对“磁器口陈麻花”的不正当竞争行为，并赔偿原告经济损失及合理费用等。

重庆市第五中级人民法院经审理认为，重庆市陈麻花公司经商标权人陈昌银的许可，取得“陈昌银”注册商标的使用权，并有权以自己名义对“陈昌银”商标向他人提起商标侵权诉讼。一般而言，姓名是人类为了区分个体，给每个个体给定特定名称符号，是通过语言文字信息区别人群个体差异的标识。当姓名作为商标注册并使用时，姓名就和商标在某种程度上产生了重合，同时产生一定冲突。自然人的姓名应用到商业领域后，表现出与商标标识类似的特性，并非是人格意义上识别个人的符号，而是用于识别商业活动中的商品或者服务的商业标识，而不因其获得拥有该姓名的自然人授权即可以不受规制地使用在商业活动中用于区别商品或服务。

基于“陳昌江”标识与“陈昌银”商标整体外观近似，喜火哥九龙坡分公司使用“陳昌江”标识的时间在重庆市陈麻花公司使用“陈昌银”商标之后，并无任何在先使用的事实，亦无证据表明喜火哥九龙坡分公司对其标识进行商业宣传、投入以建立起其标识自身的知名度，考虑到重庆市陈麻花公司商标具有较高的知名度，喜火哥九龙坡分公司使用“陳昌江”作为商业标识有明显搭便车的故意。从相关公众的角度，容易误认为“陳昌江”与“陈昌银”有一定关联性，使公众对商品来源产生混淆误认。因此，被告在其生产、销售的商品上使用“陳昌江”的行为侵犯了重庆市陈麻花公司的注册商标专用权。因未能合理解释与磁器口陈麻花有何种关联性，被告使用“磁器口陈麻花”构成虚假宣传的不正当竞争行为。遂判决：被告喜火哥九龙坡分公司立即停止在第30类商品上使用侵犯第3505312号“陈昌银”注册商标权的“陳昌江”标识，立即停止使用磁器口陈麻花的不正当竞争行为，并赔偿经济损失及合理费用共计10万元等，同时由喜火哥公司对上述债务承担连带责任。一审宣判后，喜火哥公司及喜火哥九龙坡分公司不服，提起上诉。重庆市高级人民法院经审理后判决:驳回上诉,维持原判。

|典型意义|

企业商标是生产经营者生产产品或提供服务的质量象征,亦与企业商业信誉、文化品位以及市场核心竞争力等息息相关。我国作为传统文明古国,承载个人技艺、蕴含地方特色、弘扬历史文化的食品小吃、手工工艺品等传统手工产业发达,产生了许多以创始人姓氏或名字注册的知名商标和民族品牌。基于自然人的姓名极易重合或相似的重要特征,对此类商标的依法全面保护尤为重要。本案严格区分商业活动中正当使用自然人姓名与侵害姓名商标权之间的界限,细化了姓名商标侵权的裁判规则,有效制止了攀附他人商誉的不正当竞争行为,对依法保护姓名商标权企业合法权利、引导市场主体守法经营以及营造公平有序的市场竞争环境等具有积极示范意义。

案例⑩

上海微微爱珠宝公司、吴微微非法吸收公众存款（宣告无罪）案

| 案情简介 |

上海微微爱珠宝公司系一家在沪经营多年的民营企业。2010 年 6 月至 2011 年 10 月间，微微爱珠宝公司法定代表人吴微微以投资或者经营需要资金周转等为由，通过出具借据或签订借款协议等方式，分别向涂某等十余位借款人借款共计 1.5 亿余元，其中大多承诺较高利息，部分提供房产抵押或珠宝质押。所借款项主要用于偿还他人的借款本息、支付公司运营支出等。至案发，吴微微和微微爱珠宝公司对上述款项尚未完全支付本息，故被公诉机关指控犯非法吸收公众存款罪。

上海市黄浦区人民法院经审理认为，首先，从宣传手段上看，吴微微借款方式为或当面或通过电话一对一向借款人提出借款，并约定利息和期限，既不存在通过媒体、推介会、传单、手机短信等途径向社会公开宣传的情形，亦无证据显示其要求借款对象为其募集、吸收资金或明知他人将其吸收资金的信息向社会公众扩散而予以放任的情形。其次，从借款对象上看，吴微微的借款对象绝大部分与其有特定的社会关系基础，范围相对固定、封闭，不具有开放性，并非随机选择或者随时可能变化的不特定对象。对于查明的出资中确有部分资金并非亲友自有而系转借而来的情况，但现有证据难以认定吴微微系明知亲友向他人吸收资金而予以放任，此外，其个别亲友转借的对象亦是个别特定

对象,而非社会公众。最后,吴微微在向他人借款的过程中,存在并未约定利息或回报的情况,对部分借款还提供了房产、珠宝抵押,故吴微微的上述行为并不符合非法吸收公众存款罪的特征。

综上,一审法院认为,公诉机关指控被告单位上海微微爱珠宝有限公司及被告人吴微微犯非法吸收公众存款罪的证据不足,指控罪名不能成立。依照《中华人民共和国刑事诉讼法》第一百九十五条第(三)项之规定,判决:一、被告单位上海微微爱珠宝有限公司无罪;二、被告人吴微微无罪。一审宣判后,公诉机关提起抗诉。上海市第二中级人民法院经审理认为,原判认定事实和适用法律正确,所作的判决并无不当,且诉讼程序合法,裁定驳回抗诉,维持原判。

|典型意义|

民间融资作为民营企业重要的融资渠道,在解决民营企业资金短缺困境的同时,也增加了民营企业经营和法律风险。司法实践中要严格把握民间融资与非法集资的界限,审慎对待由于民间融资引发的经济纠纷,防止刑事手段过度干预民营企业生产经营。本案通过审理依法认定被告人既未向社会公开宣传,借款对象亦非不特定人员,其借款融资行为不符合非法吸收公众存款罪的构成要件,依法应宣告无罪。当然,吴微微及微微爱珠宝公司的借款行为虽未构成犯罪,但依法要承担相应的民事责任。借款人陆续通过诉讼、协商等方式,确保其债权的实现。

保护未成年人权益十大优秀案例

案例 1 张某等寻衅滋事、敲诈勒索、非法拘禁案

案例 2 朱某等寻衅滋事案

案例 3 林某虐待子女被撤销监护人资格案

案例 4 蒋某猥亵儿童案

案例 5 马某虐待被看护人案

案例 6 胡某诉张某变更抚养关系案

案例 7 祁某猥亵儿童案

案例 8 刘某故意伤害案

案例 9 杨某故意杀人案

案例 10 江某诉钟某变更抚养关系案

案例 1

张某等寻衅滋事、敲诈勒索、非法拘禁案

——依法严惩恶势力犯罪集团针对未成年人"套路贷"

|基本案情|

被告人张某纠集李某、任某、陈某、邰某、王某等人,设立组建某财富公司,在江苏省某市区进行非法放贷活动,以喷油漆、扔油瓶、半夜上门滋扰等"软暴力"手段非法讨要债务。在放贷过程中,该组织成员还引诱、纠集褚某、朱某、姚某、王某、顾某等在校学生,利用同学、朋友关系诱骗其他未成年学生签订虚高借款合同,在借款中随意扣减"服务费、中介费、认家费"等,并逼迫未成年少女拍摄裸照担保债务,部分未成年被害人被迫逃离居住地躲债,造成辍学等不良后果。该组织通过"套路贷",多次实施敲诈勒索、寻衅滋事、非法拘禁犯罪,违法所得共计人民币166000元,造成恶劣的社会影响。

|裁判结果|

法院经审理认为,被告人张某纠集褚某、李某等11人,形成人员组织稳定,层级结构清晰的犯罪组织,该组织成员长期纠集在一起,共同实施多起寻衅滋事、敲诈勒索、非法拘禁等违法犯罪活动,欺压百姓,扰乱社会秩序,造成较为恶劣的社会影响,应当认定为恶势力犯罪集团。据此,以敲诈勒索罪、寻衅滋事罪、非法拘禁罪,数罪并罚,依法判处被告人张某有期徒刑九年六个月,并处罚金人民币十八万元;对其他恶势力犯罪集团成员亦判处了相应刑罚。

|典型意义|

本案系江苏省扫黑除恶专项斗争领导小组第一批挂牌督办的案件之一，也是扫黑除恶专项斗争开展以来，该省查处并宣判的第一起以未成年人为主要犯罪对象的黑恶势力“套路贷”犯罪案件。

该案恶势力集团的犯罪行为不仅严重扰乱了正常经济金融秩序，还严重侵害了未成年人权益。其利用未成年人涉世未深、社会经验不足、自我保护能力弱、容易相信同学朋友等特点，以未成年人为主要对象实施“套路贷”犯罪，并利用监护人护子心切，为减小影响容易选择息事宁人做法的心理，通过实施纠缠滋扰等“软暴力”行为，对相关未成年人及其家庭成员进行精神压制，造成严重心理恐慌，从而逼迫被害人支付款项，不仅严重破坏正常教育教学秩序，更给未成年人及其家庭造成巨大伤害。对本案的依法从严惩处，彰显了司法机关重拳打击黑恶势力，坚定保护未成年人合法权益的决心。对于打击针对在校学生，特别是未成年在校生的犯罪，促进平安校园具有重要指导意义。

案例 2

朱某等寻衅滋事案

——依法惩治校园欺凌

|基本案情|

被告人朱某等五人均系北京某校在校女生(犯罪时均未满18周岁),2017年2月28日,五名被告人在女生宿舍楼内,采用辱骂、殴打、逼迫下跪等方式侮辱女生高某某(17岁),并无故殴打、辱骂女生张某某(15岁)。经鉴定,二被害人的伤情构成轻微伤,五名被告人的行为还造成被害人高某某无法正常生活、学习的严重后果。

|裁判结果|

法院经审理认为,被告人朱某等人随意殴打和辱骂他人,造成二人轻微伤,严重影响他人生活,侵犯公民人身权利,破坏社会秩序,构成寻衅滋事罪,且系共同犯罪。据此,以寻衅滋事罪依法分别判处五名被告人十一个月至一年不等的有期徒刑。

|典型意义|

校园欺凌问题关系到未成年人的健康成长,也牵系着每一个家庭的敏感神经,已成为全社会关注的热点问题。本案就是一起典型的校园欺凌行为构成犯罪的案件。本案中,五名被告人的行为已经不仅仅是同学伙伴之间的打闹玩笑，也不仅仅是一般的违反校规校纪的行为，而是触犯刑法应当受到刑罚惩处的犯罪行为。对此类行为，如果仅仅因被告人系未成年人而“大事化小，小事化了”，就会纵容犯罪，既不利于被告人今后的健康成长，更不利于保护同是未成年人的被害人。本案裁判法院充分考虑五名被告人主观恶性和行为的社会危害性，对其分别判处相应的实刑，符合罪刑相适应原则，在有效维护了未成年被害人合法权益的同时，也给在校学生上了一堂生动的法治课。

本案被中央电视台“新闻 1+1”等媒体栏目评论称具有“标本意义”，宣判后不久，适逢教育部等十一个部门联合印发《加强中小学生欺凌综合治理方案》，对中小学生校园欺凌综合整治起到了积极的推动作用。

案例 3

林某虐待子女被撤销监护人资格案

——全国首例撤销监护人资格判决

| 基本案情 |

被申请人林某,女,系福建省某县村民。林某于 2004 年生育小龙,因小龙的生父一直身份不明,故小龙自出生后一直随林某共同生活。林某曾有过三、四次不成功的婚姻,生活中不但对小龙疏于管教,经常让小龙挨饿,而且多次殴打小龙,致使小龙后背满是伤疤。自 2013 年 8 月始,当地政府、妇联、村委会干部及派出所民警多次对林某进行批评教育,但林某仍拒不悔改。2014 年 5 月 29 日凌晨,林某再次用菜刀划伤小龙的后背、双臂。同年 6 月 13 日,该村村民委员会以被申请人林某长期对小龙的虐待行为已严重影响小龙的身心健康为由,向法院提出请求依法撤销林某对小龙监护人资格的申请。审理期间,法院征求小龙的意见,其表示不愿意随其母林某共同生活。

| 裁判结果 |

法院经审理认为,监护人应当履行监护职责,保护被监护人的身体健康、照顾被监护人的生活,对被监护人进行管理和教育,履行相应的监护职责。被申请人林某作为小龙的监护人,采取打骂等手段对小龙长期虐待,经有关单位教育后仍拒不悔改,继续对小龙实施虐待,其行为已经严重损害小龙的身心健康,故不宜再担任小龙的监护人。依法撤销林某对小龙的监护人资格,并依法指定该村民委员会担任小龙的监护人。

| 典型意义 |

本案受理后，该县人民法院主动探索由村民委员会作为申请主体申请撤销监护失当未成年人的监护权转移工作，并根据法律的有关规定，在没有其他近亲属和朋友可以担任监护人的情况下，按照最有利于被监护人成长的原则，指定当地村民委员会担任小龙的监护人，通过充分发挥审判职能作用向社会表达一种对未成年人关爱的新视角。宣判后，该院还主动与市、县有关部门积极沟通，对小龙做了及时妥善安置，切实维护未成年人的合法权益。

最高人民法院、最高人民检察院、公安部、民政部于 2014 年 12 月 18 日联合发布了《关于依法处理监护人侵害未成年人权益行为若干问题的意见》（以下简称《意见》），对各级人民法院处理监护权撤销案件的相关问题作了较为明确的规定。该《意见》颁布之前，我国关于监护权撤销制度的规定主要是《民法通则》第 18 条和《未成年人保护法》第 53 条，有关规定较为笼统模糊。本案在《意见》出台之前即作出了撤销监护人资格的判决，是开我国撤销监护权之先例，直接推动了《意见》的颁布，为《意见》中有关有权申请撤销监护人资格的主体及撤销后的安置问题等规定的出台，贡献了实践经验。本案例于 2015 年被全国妇联评为首届全国维护妇女儿童权益十大案例。

案例 4

蒋某猥亵儿童案

——依法严惩通过网络实施的无身体接触的猥亵犯罪

| 基本案情 |

2015 年 5 月至 2016 年 11 月,被告人蒋某虚构身份,谎称自己代表“星晔童星发展工作室”“长城影视”“艺然童星工作室”等单位招聘童星,在 QQ 聊天软件上结识女童。以检查身材比例和发育情况等为由,要求被害人在线拍摄和发送裸照,并谎称需要面试,诱骗被害人通过 QQ 视频裸聊并做出淫秽动作。对部分女童还以公开裸照相威胁,逼迫对方与自己继续裸聊。经查,蒋某视频裸聊猥亵儿童达到 31 人。

| 裁判结果 |

法院经审理认为,被告人蒋某为满足自身变态欲求,以视频裸聊方式猥亵儿童,其行为已构成猥亵儿童罪。而且,其诱骗被害人多达三十余名,遍布全国各地,多数被害人未满 12 周岁,最小的不到 10 周岁,有些被害人被猥亵两次以上,依法应当认定为“有其他恶劣情节”。据此,以犯猥亵儿童罪依法从重判处被告人蒋某有期徒刑十一年。

| 典型意义 |

本案是一起典型的利用互联网猥亵未成年人的案件。在互联网时代,不法分子运用网络技术实施犯罪的手段更为隐蔽,危害范围更为广泛。被告人以选拔童星、网友聊天、冒充老师等方式诱骗或强迫被害人进行视频裸聊或拍摄裸照,虽然没有与被害人进行身体接触,跟传统意义上的猥亵行为有所不同,但其目的是为了满足自身性欲,客观上侵犯了被害人的人身权利,同样构成猥亵儿童罪。类似的网络犯罪行为严重损害了未成年人身心健康,社会危害性极大。本案对被告人蒋某依法从重判刑,彰显了人民法院本着“儿童利益最大化”的原则,依法严厉惩治侵害未成年人犯罪行为的坚定决心。

本案同时也警示家庭和学校要加强对未成年人的教育,引导未成年人正确使用网络,培养、提高识别风险、自我保护的意识和能力;提醒广大青少年增强自我保护意识,最大限度避免网络违法犯罪的侵害,如果正在面临或者已经遭受不法侵害,要及时告知家长、老师或者报警,第一时间寻求法律的保护。

案例 5

马某虐待被看护人案

——对幼儿园虐童行为“零容忍”

|基本案情|

2016年9月,被告人马某(不具备教师资格)通过应聘到河南省某县幼儿园任小班教师。2017年4月18日下午上课期间,马某在该幼儿园小班教室内,以学生上课期间不听话、不认真读书为由,用针分别扎本班多名幼儿的手心、手背等部位。经鉴定,多名幼儿的损伤程度虽均不构成轻微伤,但体表皮肤损伤存在,损伤特点符合具有尖端物体扎刺所致。2017年4月18日,被害幼儿家长报警,当晚马某被公安人员带走,同年4月19日被刑事拘留。在案件审理过程中,被告人马某及其亲属与多名被害幼儿的法定代理人均达成谅解。

|裁判结果|

法院经审理认为,被告人马某身为幼儿教师,采用针刺手段对多名被看护幼儿进行虐待,情节恶劣,其行为已构成虐待被看护人罪。据此,以虐待被看护人罪依法判处被告人马某有期徒刑二年;禁止其五年内从事未成年人教育工作。同时,人民法院对该县教育局发出司法建议。

|典型意义|

近年来,保姆、幼儿园教师、养老院工作人员等具有监护或者看护职责的人员虐待被监护、被看护人的案件时有发生，严重侵害了弱势群体的合法权益，引发社会高度关注。本案中，被告人马某用针对多名幼儿进行扎刺，虽未造成轻微伤，不符合故意伤害罪的法定标准，但其行为对受害幼儿的身心造成了严重伤害。对这种恶劣的虐童行为，人民法院采取“零容忍”态度，依法进行严厉打击，对其判处二年有期徒刑（本罪法定最高刑为三年有期徒刑），对被告人判处从业禁止最高年限五年。

本案的判决，警示那些具有监护、看护职责的单位和人员，应当依法履职，一切针对被监护、被看护人的不法侵害行为，都将受到法律的惩处；本案也警示幼儿园等具有监护、看护职责的单位应严格加强管理，切实保障被监护、被看护人的合法权益免受不法侵害。

案例 6

胡某诉张某变更抚养关系案

——全国第一道未成年人"人身安全保护令"

| 基本案情 |

原告胡某、被告张某于2000年经法院判决离婚,女儿张某某(1996年出生)由父亲张某抚养。离婚后,张某经常酗酒、酒后打骂女儿张某某。2005年,张某因犯抢劫罪被判处有期徒刑三年。刑满释放后,张某酗酒恶习未有改变,长期对女儿张某某实施殴打、谩骂,并限制张某某人身自由,不允许其与外界接触,严重影响了张某某的身心健康。2011年3月19日深夜,张某酒后将睡眠中的张某某叫醒实施殴打,张某某左脸受伤,自此不敢回家。同月26日,不堪忍受家庭暴力的张某某选择不再沉默,向司法部门写求救信,揭露其父家暴恶行,态度坚决地表示再不愿意跟随父亲生活,要求跟随母亲胡某生活。胡某遂向法院起诉,请求变更抚养关系。鉴于被告长期存在严重家暴行为,为防止危害后果进一步扩大,经法官释明后,原告胡某向法院提出了保护张某人身安全的申请。

| 裁判结果 |

法院经审理认为,被告张某与其女张某某共同生活期间曾多次殴打、威胁张某某,限制张某某人身自由的情况属实,原告的申请符合法律规定。依法裁定:一、禁止张某威胁、殴打张某某;二、禁止张某限制张某某的人身自由。裁定作出后，该院向市妇联、区派出所、被告所在村委会下达了协助执行通知书，委托上述单位监督被告履行裁定书确定的义务。后本案以调解方式结案，张某自 2011 年 4 月 28 日起由胡某抚养。

|典型意义|

本案中，湖南某法院发出了全国第一道针对未成年人的"人身安全保护令"，为加强对未成年人的保护做了有益探索，为推动"人身安全保护令"写入其后的《反家庭暴力法》积累了实践素材，为少年司法事业做出了巨大贡献。数十家媒体和电视台对该案进行了宣传报道，产生了良好的社会效果。该案还引起联合国官员及全国妇联相关领导的关注，他们对这份"人身安全保护令"做出了高度评价。

本案调解过程中，人民法院还邀请当地妇联干部、公安民警、村委会干部、村调解员共同参与对被告的批评教育，促使被告真诚悔悟并当庭保证不再实施家暴行为。本案是多元化解纠纷机制、社会联动机制在未成年人司法中的恰当运用，同时也为充分发扬"枫桥经验"处理未成年人保护案件做出了良好示范。

案例 7

祁某猥亵儿童案

——小学教师性侵儿童被重判

|基本案情|

被告人祁某原系浙江省某市小学教师。在执教期间,曾有学生家长于2013年1月以祁某非礼其女儿为由向学校举报,祁某因此写下书面检讨,保证不再发生此类事件。2016年12月,被告人祁某退休,因师资力量短缺,该校返聘祁某于2016年12月至2017年8月继续担任语文老师兼班主任。2017年以来,祁某利用教学之便,在课间活动及补课期间,多次对多名女学生进行猥亵。2017年8月30日下午,被告人祁某主动至派出所投案。

|裁判结果|

法院经审理认为,被告人祁某利用教师身份,多次猥亵多名未满十二周岁的幼女,且部分系在公共场所当众猥亵,严重破坏教学秩序,社会危害性极大,其行为已构成猥亵儿童罪,且应当在“五年以上有期徒刑”的幅度内从重处罚;而且,其曾因类似行为被举报,仍不思悔过致本案发生,应酌情从重处罚。据此,以猥亵儿童罪依法判处被告人祁某有期徒刑八年六个月;禁止其在三年内从事与未成年人相关的教育职业。

案件审理期间,六名被害人提起民事诉讼,起诉涉事小学、区教育文化体育局教育机构责任纠纷。后经法院主持调解,该小学分别向各原告人一次性支付 30000 元。宣判后，该市教育局对涉案小学校长进行了行政处分。

| 典型意义 |

本案系教师利用教学便利对未成年学生实施猥亵的恶性案件，给被害人和家人都造成了严重的身心伤害，挑战道德法律底线，性质极其恶劣，危害后果严重，必须从严惩处。被告人祁某虽已年过六十，但裁判法院考虑其被学校返聘、补课等情况，仍从有效预防侵害未成年人犯罪角度出发，秉持对侵害未成年人的“零容忍”态度，依法对被告人祁某适用从业禁止。本案在审理阶段，司法机关还通过政府购买服务，及时为被害人进行心理疏导，尽力医治对涉案未成年人的精神伤害。

此类案件反映出极个别学校对未成年人权益保护仍然存在管理不善，制度不落实，执行不到位的现象，需要有关学校及部门引起重视。

案例 8

刘某故意伤害案

——探索推动设立未成年犯罪人前科封存制度

|基本案情|

2006年12月28日下午5时许,被告人刘某(犯罪时15周岁)之父刘某芳酒后与同村刘某文因琐事发生口角,后二人在刘某文家门口对骂,刘某文的两个儿子到场后,与刘某芳相互扭打,继而两家发生殴斗。刘某的祖父刘某宗闻讯赶来后,与刘某文相互厮打。在两人殴斗过程中,被告人刘某闻讯赶到现场,用铁钗将刘某文叉成重伤,刘某作案后主动投案,并如实供述了自己的罪行。

案发后,被害人刘某文与被告人刘某就附带民事赔偿达成和解,刘某文对刘某表示谅解。

|裁判结果|

法院经审理认为,被告人刘某持械故意伤害他人身体,其行为已经构成故意伤害罪。但本案系邻里纠纷引发,被告人刘某因见亲人被人殴打一时愤怒,采取过激行为加入殴斗,犯罪动机尚不恶劣,社会危害尚不严重。刘某犯罪时未满16周岁,归案后能够坦白自己的犯罪事实,且案发后积极赔偿被害人的损失,已经取得被害人谅解。据此,以故意伤害罪依法判处被告人刘某有期徒刑一年,缓刑一年六个月。缓刑考验期满后,刘某领取了《前科封存证明书》。

|典型意义|

1997 年刑法第一百条设立了前科报告义务，规定："依法受过刑事处罚的人，在入伍、就业的时候，应当如实向有关单位报告自己曾受过刑事处罚，不得隐瞒。"就未成年犯罪人而言，前科报告义务及其所带来的"犯罪标签化"是其重返社会的障碍和阻力之一。本案是山东法院实施的第一例前科封存案件，是对未成年犯罪人开展有效判后帮教，帮助其顺利回归社会进行的有益探索。根据当地市中院牵头，公安、民政等 11 部门联合出台的《失足未成年人前科封存实施意见》，刘某在缓刑考验期结束后向由该 11 个部门组成的前科封存领导小组提交了相关材料，领导小组考察审批后同意向刘某颁发了《前科封存证明书》，并对其犯罪档案进行封存。学校也保留他的学籍并对其犯罪信息予以保密，保证他的正常学习生活。因为这份证明书，刘某慢慢卸下了心理包袱，并心怀感恩，初中毕业后去天津打工，顺利回归融入社会。

该案取得了良好的社会效果，经各大媒体报道及转载后，在社会引起巨大反响，也引起国内专家学者的关注。山东高院因势利导，在总结部分地市经验、组织专家论证的基础上，在全省全面推开"前科封存"制度。该项制度的开展不仅是在少年司法领域的改革创新，更是为相关刑事立法的修改提供了实践基础。此后，2011 年刑法修正案（八）增加规定了未成年犯罪人的前科封存制度，2012 年刑事诉讼法修改又对未成年犯罪人前科封存作了程序衔接规定。

案例 9

杨某故意杀人案

——全国首例对未成年被害人跨省心理救助

|基本案情|

2017年初,被告人杨某跟随同乡李某来津务工,后因工资结算问题二人产生矛盾。2017年7月25日7时许,杨某向李某索要工资时发生争吵,杨某遂从路边捡起一根三角铁用力击打李某头部,致李某头部流血倒地昏迷。后杨某来到李某居住的宿舍,持菜刀砍李某之子小欢、小旭(案发时8岁)。三名被害人被送至医院后,李某、小欢经抢救无效死亡,小旭项部损伤程度经鉴定为轻伤二级。案发后,被害人李某近亲属曾某、被害人小旭因家庭情况特别困难,提出司法救助申请。

|裁判结果|

法院经审理认为,被告人杨某因工资结算问题与被害人李某产生矛盾,先后持三角铁、菜刀行凶,致李某及其长子小欢死亡,致李某次子小旭轻伤,其行为已构成故意杀人罪,应依法予以处罚。被告人杨某犯罪手段残忍,主观恶性深,犯罪后果严重,虽系投案自首,不足以从轻处罚;其行为给附带民事诉讼原告人造成经济损失,依法应予赔偿。据此,以故意杀人罪,依法判处被告人杨某死刑,剥夺政治权利终身;判决被告人杨某赔偿附带民事诉讼原告人曾某、周某、小旭经济损失人民币共计137262.26元。

典型意义

本案是天津法院开展的全国首例对未成年被害人跨省心理救助的案例。被害人小旭案发时年龄尚小,亲眼目睹了父亲、兄长的被害过程,身心健康受到严重伤害,有此类经历的孩子是容易出现心理问题的高危人群。考虑到被害人的家庭状况和案件具体情况,法院决定对小旭开展司法救助,进行心理干预,尽力帮助其走出心理阴影,步入正常的生活、学习轨道。

由于被救助人生活的地方在四川,距离天津太远,如何开展持续、动态的跨省救助,尤其是心理救助,在全国无先例可循。按照刑事被害人救助规定,只能解决被害人的经济困难。考虑到本案的特殊情况,天津法院创新工作思路,为小旭申请了心理救助专项资金,并与四川法院共同确定了跨省司法救助与心理干预并行的工作方案。目前小旭学习生活状态良好,情绪正常,心理救助初步达到了预期效果。

值得注意的是,除了刑事案件的未成年被害人,家事案件中的未成年人,作为家庭成员也经常被无端地卷入家事纷争之中。法院在审理这类案件时,发现确有需要进行救助的困境儿童,也会积极为他们开展延伸救助工作,充分发挥职能优势,整合专业资源,联合政府部门、教育机构、群团组织等让涉困儿童获得精准救助。

案例 10

江某诉钟某变更抚养关系案

——依法保障未成年人的受教育权

|基本案情|

原告人江某与被告人钟某于2009年3月10日登记结婚,婚后育有一子,取名江某俊。2011年9月20日,双方因感情不和,经法院调解协议离婚,约定儿子江某俊由母亲钟某抚养,江某每月支付抚养费600元,直到孩子独立生活为止。

离婚后,钟某将婚姻的不幸转嫁到孩子身上,以种种理由拒绝让父子相见。更为严重的是,钟某无工作,租住在廉租房内靠亲人接济为生,常年闭门不出,也不让江某俊上学读书。江某曾于2015年6月8日向法院起诉要求变更抚养权,后撤回起诉。为了孩子的成长,2016年10月11日江某再次向法院提起诉讼要求变更江某俊抚养关系,后经法院主持调解,江某与钟某达成和解协议,江某俊抚养权依然归钟某,江某俊的生活、教育所需费用均由江某承担。江某按约履行了调解书约定的义务,但是钟某拒不履行调解书约定义务。江某俊年满8周岁,已达到适学年龄,经法院多次执行,钟某仍拒绝送孩子上学,严重影响了孩子的健康成长,而江某俊爷爷奶奶为了孩子上学,频繁越级上访,导致矛盾激化。

2018年3月,原告江某再次向法院起诉,要求变更儿子抚养关系。为了化解矛盾,法院联合该市未成年保护办公室,妇联、团委、家调委、社区、教育等部门工作人员积极配合,多次上门调解,钟某仍拒绝送孩子上学。经与孩子沟通,孩子表示愿意上学读书,未成年保护办公室和市妇联联合取证,并作为未成年保护组织出庭支持诉讼。

|裁判结果|

法院经审理认为,适龄儿童接受义务教育是家长的义务,根据市团委、妇联作为未成年人保护组织为江某俊调取的大量证据材料,证明钟某作为法定监护人,剥夺江某俊的受教育权,严重影响了孩子的身心健康发展,侵犯了未成年人的合法权益。为保护江某俊的受教育权,保障其健康成长,法院在事实证据充分的情况下,依法变更江某俊的抚养关系。

|典型意义|

父母或者其他监护人应当尊重未成年人受教育的权利,必须使适龄未成年人依法入学接受并完成义务教育,不得使接受义务教育的未成年人辍学。与子女共同生活的一方不尽抚养义务,另一方要求变更子女抚养关系的,人民法院应予支持。本案中,江某俊随钟某生活期间,钟某不履行监护义务,拒绝送江某俊上学,不让孩子接受义务教育,严重侵犯了孩子受教育权利。钟某无工作、无住房、无经济来源,无法保障孩子生活、学习所需,且侵犯孩子受教育权,本着儿童利益最大化原则,法官判决支持江某变更抚养关系的诉求。

子女的成长是一个长期的动态过程,随着时间的推移,离婚时协商或判决所依据的父母双方的抚养能力和抚养条件可能会在子女成长过程中产生很大的变化,所以法律出于保证子女的健康成长考虑,允许离婚夫妇以协议或诉讼的方式变更与子女的抚养关系。在抚养的过程中,不光要给予生活保障,学习教育权利更应当保障,如果一方怠于履行义务,人民法院将依法进行抚养关系变更。

人民法院保障生态环境损害赔偿制度改革典型案例

案例1 山东省生态环境厅诉山东金诚重油化工有限公司、山东弘聚新能源有限公司生态环境损害赔偿诉讼案

案例2 重庆市人民政府、重庆两江志愿服务发展中心诉重庆藏金阁物业管理有限公司、重庆首旭环保科技有限公司生态环境损害赔偿诉讼案

案例3 贵州省人民政府、息烽诚诚劳务有限公司、贵阳开磷化肥有限公司生态环境损害赔偿协议司法确认案

案例4 绍兴市环境保护局、浙江上峰建材有限公司、诸暨市次坞镇人民政府生态环境损害赔偿协议司法确认案

案例5 贵阳市生态环境局诉贵州省六盘水双元铝业有限责任公司、阮正华、田锦芳生态环境损害赔偿诉讼案

案例 1

山东省生态环境厅诉山东金诚重油化工有限公司、山东弘聚新能源有限公司生态环境损害赔偿诉讼案

|基本案情|

2015 年 8 月,弘聚公司委托无危险废物处理资质的人员将其生产的 640 吨废酸液倾倒至济南市章丘区普集街道办上皋村的一个废弃煤井内。2015 年 10 月 20 日,金诚公司采取相同手段将其生产的 23.7 吨废碱液倾倒至同一煤井内,因废酸、废碱发生剧烈化学反应,4 名涉嫌非法排放危险废物人员当场中毒身亡。经监测,废液对井壁、井底土壤及地下水造成污染。事件发生后,原章丘市人民政府进行了应急处置,并开展生态环境修复工作。山东省人民政府指定山东省生态环境厅为具体工作部门,开展生态环境损害赔偿索赔工作。山东省生态环境厅与金诚公司、弘聚公司磋商未能达成一致,遂根据山东省环境保护科学研究设计院出具的《环境损害评估报告》向济南市中级人民法院提起诉讼,请求判令被告承担应急处置费用、生态环境服务功能损失、生态环境损害赔偿费用等共计 2.3 亿余元,两被告对上述各项费用承担连带责任,并请求判令两被告在省级以上媒体公开赔礼道歉。

|裁判结果|

济南市中级人民法院经审理认为,弘聚公司生产过程中产生的废酸液和

金诚公司生产过程中产生的废碱液导致案涉场地生态环境损害，应依法承担生态环境损害赔偿责任。就山东省生态环境厅请求的赔偿金额，山东省生态环境厅提交了《环境损害评估报告》，参与制作的相关评估及审核人员出庭接受了当事人的质询，环境保护部环境规划院的专家也出庭对此给出说明，金诚公司、弘聚公司未提供充分证据推翻该《环境损害评估报告》，故对鉴定评估意见依法予以采信。山东省生态环境厅主张的生态环境服务功能损失和帷幕注浆范围内受污染的土壤、地下水修复费及鉴定费和律师代理费，均是因弘聚公司的废酸液和金诚公司的废碱液造成生态环境损害引起的，故应由该两公司承担。因废酸液和废碱液属不同种类危险废液，二者在案涉场地的排放量不同，对两种危险废液的污染范围、污染程度、损害后果及其与损害后果之间的因果关系、污染修复成本等，山东省生态环境厅、弘聚公司、金诚公司、专家辅助人、咨询专家之间意见不一，《环境损害评估报告》对此也未明确区分。综合专家辅助人和咨询专家的意见，酌定弘聚公司承担80%的赔偿责任，金诚公司承担20%的赔偿责任，并据此确定二被告应予赔偿的各项费用。弘聚公司、金诚公司生产过程中产生的危险废液造成环境污染，严重损害了国家利益和社会公共利益，为警示和教育环境污染者，增强公众环境保护意识，依法支持山东省生态环境厅要求弘聚公司、金诚公司在省级以上媒体公开赔礼道歉的诉讼请求。

| 典型意义 |

本案系因重大突发环境事件导致的生态环境损害赔偿案件。污染事件发生后，受到社会广泛关注。因二被告排放污染物的时间、种类、数量不同，认定二被告各自行为所造成的污染范围、损害后果及相应的治理费用存在较大困难。人民法院充分借助专家专业技术优势，在查明专业技术相关事实，确定生态环境损害赔偿数额，划分污染者责任等方面进行了积极探索。一是由原、被告分别申请专家辅助人出庭从专业技术角度对案件事实涉及的专业问题充分发表意见；二是由参与《环境损害评估报告》的专业人员出庭说明并接受质询;三是由人民法院另行聘请三位咨询专家参加庭审,并在庭审后出具《损害赔偿责任分担的专家咨询意见》;四是在评估报告基础上,综合专家辅助人和咨询专家的意见,根据主观过错、经营状况等因素,合理分配二被告各自应承担的赔偿责任。人民法院还针对金诚公司应支付的赔偿款项,确定金诚公司可申请分期赔付,教育引导企业依法开展生产经营,在保障生态环境得到及时修复的同时,维护了企业的正常经营,妥善处理了经济社会发展和生态环境保护的辩证关系。同时,人民法院在受理就同一污染环境行为提起的生态环境损害赔偿诉讼和环境民事公益诉讼后,先行中止环境公益诉讼案件审理,待生态环境损害赔偿案件审理完毕后,就环境公益诉讼中未被前案涵盖的诉讼请求依法作出裁判,对妥善协调两类案件的审理进行了有益探索。

| 点评专家 |

吕忠梅,清华大学教授

| 点评意见 |

因重大突发环境事件致生态环境损害,属于《生态环境损害赔偿制度改革方案》规定的较为典型的生态环境损害赔偿案件。法院受理此案后,在案件事实认定和法律责任承担等方面都进行了有益探索。

一是本案在技术事实查明方面突出由多方专家参与,为事实认定提供了技术支撑。此案中的二被告先后倾倒污染物种类、数量和含量均不相同的危险废物,因不同物质相互作用导致生态环境损害后果的发生。对此,原告山东省生态环境厅和被告金诚公司分别向法院提交了两份不同的鉴定意见,法院如何认定和采信进而合理分配二被告的责任承担是本案的关键所在。受案法院充分发挥技术专家在查明专业事实上的功能和作用,除通知当事人申请鉴定人员、专家辅助人出庭说明外,还依职权聘请了三位咨询专家参加庭审并出具咨询意见,较为全面的调查了本案所涉专业技术问题,为鉴定意见的采信提供了技术支持。但值得注意的是,经过鉴定的专业事实和司法认定的法律事实并非完全相同。法院应运用以证据判断事实的规则，对鉴定意见是否采信及其理由进行充分阐释，在由技术判断到法律判断的转化过程中加强释法说理，制作格式统一、要素齐全、结构完整、繁简得当、逻辑严密、用语准确的规范化环境司法裁判文书。

二是本案在对责任的认定和分担方式上，具有一定的合理性。法院基于无意思联络数人侵权的责任承担，在综合全案证据的基础上，根据二被告主观过错、经营状况等因素，分配二被告各自应承担的赔偿责任。在责任的承担上，考虑到金诚公司仍在正常经营，确定金诚公司可申请分期赔付，这种妥善处理生态环境保护和经济社会发展之间的关系、力争“共赢”的探索具有一定的示范意义。但对如何分期赔付以及怎样监督该企业所应支付的每期费用足额到位，为后续执行留下了较大“悬念”。值得注意的是，生态环境损害赔偿诉讼的责任承担方式因与生态环境损害恢复的技术性、系统性、长周期性直接相关，在裁判文书中认定责任承担方式的同时制作生态环境恢复方案、明确履行方式对实现生态环境保护目标至为重要，可参考环境公益诉讼案件的有益经验，创造生态环境损害赔偿诉讼的“附生态恢复方案的判决书”方式。

此外，本案在诉讼程序上也进行了有益探索。生态环境损害事件发生后，社会组织和本案原告先后提起环境民事公益诉讼和生态环境损害赔偿诉讼，法院分别立案受理并中止环境民事公益诉讼案件的审理，待本案审理裁判后再就环境民事公益诉讼案件依法作出裁判，是衔接两类诉讼程序和规则的一种新探索。

案例 2

重庆市人民政府、重庆两江志愿服务发展中心诉重庆藏金阁物业管理有限公司、重庆首旭环保科技有限公司生态环境损害赔偿诉讼案

| 基本案情 |

藏金阁公司的废水处理设施负责处理重庆藏金阁电镀工业园园区入驻企业产生的废水。2013 年 12 月,藏金阁与首旭公司签订为期 4 年的《委托运行协议》,由首旭公司承接废水处理项目,使用藏金阁公司的废水处理设备处理废水。2014 年 8 月,藏金阁公司将原废酸收集池改造为废水调节池,改造时未封闭池壁 120mm 口径管网,该未封闭管网系埋于地下的暗管。首旭公司自 2014 年 9 月起,在明知池中有管网可以连通外部环境的情况下,利用该管网将未经处理的含重金属废水直接排放至外部环境。2016 年 4 月、5 月,执法人员在两次现场检查藏金阁公司的废水处理站时发现,重金属超标的生产废水未经处理便排入外部环境。经测算 2014 年 9 月 1 日至 2016 年 5 月 5 日,违法排放废水量共计 145624 吨。受重庆市人民政府委托,重庆市环境科学研究院以虚拟治理成本法对生态环境损害进行量化评估,二被告造成的生态环境污染损害量化数额为 1441.6776 万元。

2016 年 6 月 30 日,重庆市环境监察总队以藏金阁公司从 2014 年 9 月 1 日至 2016 年 5 月 5 日将含重金属废水直接排入港城园区市政废水管网进入长江

为由，对其作出行政处罚决定。2016年12月29日，重庆市渝北区人民法院作出刑事判决，认定首旭公司及其法定代表人、相关责任人员构成污染环境罪。

重庆两江志愿服务发展中心对二被告提起环境民事公益诉讼并被重庆市第一中级人民法院受理后，重庆市人民政府针对同一污染事实提起生态环境损害赔偿诉讼，人民法院将两案分别立案，在经各方当事人同意后，对两案合并审理。

| 判决结果 |

重庆市第一中级人民法院审理认为，重庆市人民政府有权提起生态环境损害赔偿诉讼，重庆两江志愿服务发展中心具备合法的环境公益诉讼主体资格，二原告基于不同的规定而享有各自的诉权，对两案分别立案受理并无不当。二被告违法排污的事实已被生效刑事判决、行政判决所确认，本案在性质上属于环境侵权民事案件，其与刑事犯罪、行政违法案件所要求的证明标准和责任标准存在差异，故最终认定的案件事实在不存在矛盾的前提条件下，可以不同于刑事案件和行政案件认定的事实。鉴于藏金阁公司与首旭公司构成环境污染共同侵权的证据已达到高度盖然性的民事证明标准，应当认定藏金阁公司和首旭公司对于违法排污存在主观上的共同故意和客观上的共同行为，二被告构成共同侵权，应当承担连带责任。遂判决二被告连带赔偿生态环境修复费用1441.6776万元，由二原告结合本区域生态环境损害情况用于开展替代修复等。

| 典型意义 |

本案系第三方治理模式下出现的生态环境损害赔偿案件。藏金阁公司是承担其所在的藏金阁电镀工业园区废水处置责任的法人，亦是排污许可证的申领主体。首旭公司通过与藏金阁公司签订《委托运行协议》，成为负责前述废水处理站日常运行维护工作的主体。人民法院依据排污主体的法定责任、行为的违法性、客观上的相互配合等因素进行综合判断，判定藏金阁公司与首旭公司之间具有共同故意,应当对造成的生态环境损害承担连带赔偿责任,有利于教育和规范企业切实遵守环境保护法律法规,履行生态环境保护的义务。同时,本案还明确了生态环境损害赔偿诉讼与行政诉讼、刑事诉讼应适用不同的证明标准和责任构成要件,不承担刑事责任或者行政责任并不当然免除生态环境损害赔偿责任,对人民法院贯彻落实习近平总书记提出的"用最严格制度最严密法治保护生态环境"的严密法治观,依法处理三类案件诉讼衔接具有重要指导意义。

|点评专家|

张梓太,复旦大学教授

|点评意见|

本案是重庆市首例、全国第二例生态环境损害赔偿诉讼案件,对全面落实生态环境损害赔偿制度,提供有益的制度经验,具有十分重要的意义。

首先,本案实现了生态环境损害赔偿诉讼与环境公益诉讼的有效衔接。两种诉讼制度在诉讼主体、适用范围上都有差别,如何实现两者的有效衔接一直是困扰理论界和实务界的一道难题。重庆市第一中级人民法院将其合并审理,既支持了政府提起生态环境损害赔偿诉讼,又鼓励了社会组织提起环境民事公益诉讼,表达了人民法院对环境公共利益保护的决心,实现了法律效果和社会效果的统一。

其次,本案明确了第三方治理模式下生态环境损害赔偿责任应当如何认定的问题。排污主体取得排污许可证后,可以委托第三方进行排污,但排污主体监督第三方的法律责任并不因民事合同约定而免除。如果排污主体未尽法定监督义务,其仍应承担相应的法律责任。

最后,本案还指明了生态环境损害赔偿诉讼的证明标准和责任标准不同于刑事诉讼和行政诉讼。不承担刑事责任或者行政责任并不必然免除生态环境损害赔偿责任,对此,可结合具体的案件情况进行更进一步的司法实践探索。

案例 3

贵州省人民政府、息烽诚诚劳务有限公司、贵阳开磷化肥有限公司生态环境损害赔偿协议司法确认案

| 基本案情 |

2012 年 6 月,开磷化肥公司委托息烽劳务公司承担废石膏渣的清运工作。按要求,污泥渣应被运送至正规磷石膏渣场集中处置。但从 2012 年底开始息烽劳务公司便将污泥渣运往大鹰田地块内非法倾倒,形成长 360 米,宽 100 米,堆填厚度最大 50 米,占地约 100 亩,堆存量约 8 万立方米的堆场。环境保护主管部门在检查时发现上述情况。贵州省环境保护厅委托相关机构进行评估并出具的《环境污染损害评估报告》显示,此次事件前期产生应急处置费用 134.2 万元,后期废渣开挖转运及生态环境修复费用约为 757.42 万元。2017 年 1 月,贵州省人民政府指定贵州省环境保护厅作为代表人,在贵州省律师协会指定律师的主持下,就大鹰田废渣倾倒造成生态环境损害事宜,与息烽劳务公司、开磷化肥公司进行磋商并达成《生态环境损害赔偿协议》。2017 年 1 月 22 日,上述各方向清镇市人民法院申请对该协议进行司法确认。

| 裁判结果 |

清镇市人民法院依法受理后,在贵州省法院门户网站将各方达成的《生态环境损害赔偿协议》、修复方案等内容进行了公告。公告期满后,清镇市人

民法院对协议内容进行了审查并依法裁定确认贵州省环境保护厅、息烽劳务公司、开磷化肥公司于2017年1月13日在贵州省律师协会主持下达成的《生态环境损害赔偿协议》有效。一方当事人拒绝履行或未全部履行的,对方当事人可以向人民法院申请强制执行。

| 典型意义 |

本案是生态环境损害赔偿制度改革试点开展后,全国首例由省级人民政府提出申请的生态环境损害赔偿协议司法确认案件。该案对磋商协议司法确认的程序、规则等进行了积极探索,提供了可借鉴的有益经验。人民法院在受理磋商协议司法确认申请后,及时将《生态环境损害赔偿协议》、修复方案等内容通过互联网向社会公开,接受公众监督,保障了公众的知情权和参与权。人民法院对生态环境损害赔偿协议进行司法确认,赋予了赔偿协议强制执行效力。一旦发生一方当事人拒绝履行或未全部履行赔偿协议情形的,对方当事人可以向人民法院申请强制执行,有力保障了赔偿协议的有效履行和生态环境修复工作的切实开展。本案的实践探索已为《生态环境损害赔偿制度改革方案》所认可和采纳,《最高人民法院关于审理生态环境损害赔偿案件的若干规定(试行)》也对生态环境损害赔偿协议的司法确认作出明确规定。

| 点评专家 |

肖建国,中国人民大学法学院教授

| 点评意见 |

本案的亮点在于探索生态环境损害赔偿协议的司法确认规则,化解了试点阶段磋商协议的达成及其司法确认的若干法律难题,为最高人民法院出台相关司法解释提供了实践素材。贵州法院的这一实践样本彰显了法院的司法智慧。一方面,首创了由第三方主持磋商的制度,即由省律师协会主持、赔偿权利人与义务人展开磋商程序,并促成赔偿协议的达成。双方磋商过程中的第三方介入,有助于维持程序中立、促进当事人沟通、协助当事人发现其利益需求。另一方面,首创了法院作出司法确认裁定前对生态环境损害赔偿协议进行公告的制度。鉴于生态环境损害赔偿协议涉及损害事实和程度、赔偿的责任承担方式和期限、修复启动时间与期限等内容,不仅涉及赔偿权利人与赔偿义务人之间利益的调整,也会波及不特定公众环境权益的保护问题,人民法院将赔偿协议内容公告,具有十分重要的意义。

案例 4

绍兴市环境保护局、浙江上峰建材有限公司、诸暨市次坞镇人民政府生态环境损害赔偿协议司法确认案

| 基本案情 |

2017 年 4 月 11 日,诸暨市环境保护局会同诸暨市公安局对上峰建材公司联合突击检查时发现,该企业存在采用在大气污染物在线监控设施监测取样管上套装管子并喷吹石灰中和后的气体等方式,达到干扰自动监测数据目的。上峰建材公司超标排放氮氧化物、二氧化硫等大气污染物,对周边大气生态环境造成损害。经绍兴市环保科技服务中心鉴定评估,造成生态环境损害数额 110.4143 万元,鉴定评估费用 12 万元,合计 122.4143 万元。上峰建材公司违法排放的大气污染物已通过周边次坞镇大气生态环境稀释自净,无须实施现场修复。

绍兴市环境保护局经与上峰建材公司、次坞镇人民政府进行磋商,达成了《生态环境损害修复协议》,主要内容为:一、各方同意上峰建材公司以替代修复的方式承担生态环境损害赔偿责任。上峰建材公司在承担生态环境损害数额 110.4143 万元的基础上,自愿追加资金投入 175.5857 万元,合计总额 286 万元用于生态工程修复,并于 2018 年 10 月 31 日之前完成修复工程。二、次坞镇人民政府对修复工程进行组织、监督管理、资金决算审计,修复后移交大院里村。三、修复工程完成后,由绍兴市环境保护局委托第三方评估机构验收

评估，提交验收评估意见。四、生态环境损害鉴定评估费、验收鉴定评估费由上峰建材公司承担，并于工程验收通过后7日内支付给鉴定评估单位。五、如上峰建材公司中止修复工程，或者不按约定时间、约定内容完成修复的，绍兴市环境保护局有权向上峰建材公司追缴全部生态环境损害赔偿金。

| 裁判结果 |

绍兴市中级人民法院受理司法确认申请后，对《生态环境损害修复协议》内容进行了公告。公告期内，未收到异议或意见。绍兴市中级人民法院对协议内容审查后认为，申请人达成的协议符合司法确认的条件，遂裁定确认协议有效。一方当事人拒绝履行或者未全部履行的，对方当事人可以向人民法院申请强制执行。

| 典型意义 |

本案是涉大气污染的生态环境损害赔偿案件。大气污染是人民群众感受最为直接、反映最为强烈的环境问题，打赢蓝天保卫战是打好污染防治攻坚战的重中之重。今年，世界环境日主题聚焦空气污染防治，提出“蓝天保卫战，我是行动者”的口号，显示了中国政府推动打好污染防治攻坚战的决心。本案中，上峰建材公司以在大气污染物在线监控设施监测取样管上套装管子并喷吹石灰中和后的气体等方式，干扰自动监测数据，超标排放氮氧化物、二氧化硫等大气污染物。虽然污染物已通过周边大气生态环境稀释自净，无须实施现场修复，但是大气经过扩散等途径仍会污染其他地区的生态环境，不能因此免除污染者应承担的生态环境损害赔偿责任。人民法院对案涉赔偿协议予以司法确认，明确由上峰建材公司以替代方式承担生态环境损害赔偿责任，是对多样化责任承担方式的积极探索。本案体现了环境司法对大气污染的“零容忍”，有利于引导企业积极履行生态环境保护的主体责任，自觉遵守环境保护法律法规，推动企业形成绿色生产方式。此外，经磋商，上峰建材公司在依法承担110.4143万元生态环境损害赔偿的基础上，自愿追加资金投入

175.5857万元用于生态环境替代修复,体现了生态环境损害赔偿制度在推动企业主动承担社会责任方面起到了积极作用。

|点评专家|

王树义,上海财经大学教授

|点评意见|

因大气污染致生态环境损害的案件,均会碰到两个具有共性的问题:其一,排污者排入大气环境的污染物质,因空气的流动,通常在案发后已检测不出,或检测不到污染损害结果。怎么办?排污者有没有对生态环境造成损害,要不要修复?其二,若要修复,如何修复,是否一定要在案发地修复?本案较好地回答了这两个问题,具有一定的典型意义。首先,上峰公司排放的大气污染物虽然通过周边次坞镇大气环境本身的自净已经稀释、飘散,但并不等于大气环境没有受到损害。损害是存在的,只不过损害没有在当时当地显现出来。上峰公司排放的污染物飘散到其他地方,势必会对其他地方的生态环境造成损害。故此,上峰公司应当承担生态环境损害的赔偿责任。其次,由于大气污染所致生态环境损害案件的特殊性,对大气环境损害的赔偿责任,往往是通过对生态环境的修复来实现的。但问题是,案发后上峰公司排入周边次坞镇大气环境的污染物客观上已经自然稀释、飘散,再对其修复已无实质意义。由此产生了上峰公司以替代修复的方式承担生态环境损害赔偿责任的问题。对大气污染所致生态环境损害赔偿案件的处理,具有很好的示范作用。

案例 5

贵阳市生态环境局诉贵州省六盘水双元铝业有限责任公司、阮正华、田锦芳生态环境损害赔偿诉讼案

| 基本案情 |

贵阳市生态环境局诉称:2017 年以来,双元铝业公司、阮正华、田锦芳将生产过程中产生的电解铝固体废物运输至贵阳市花溪区溪董家堰村塘边寨旁进行倾倒,现场未采取防雨防渗措施。2018 年 4 月 10 日,又发现花溪区查获的疑似危险废物被被告转移至修文县龙场镇营关村一废弃洗煤厂进行非法填埋。事发后环保部门及时对该批固体废物及堆场周边水体进行采样送检,检测结果表明,送检样品中含有大量的水溶性氟化物,极易对土壤、地下水造成严重污染,该批固体废物为疑似危险废物。经委托环境损害鉴定评估显示,该生态环境损害行为所产生的危险废物处置费用、场地生态修复费用、送检化验费用、环境损害评估费用、后期跟踪检测费用、综合整治及生态修复工程监督及修复评估费合计 413. 78 万元。贵阳市生态环境局与三赔偿义务人多次磋商未果,遂向贵阳市中级人民法院提起生态环境损害赔偿诉讼。

| 裁判结果 |

案件审理过程中,贵阳市中级人民法院多次主持调解,当事人自愿达成调解协议。主要内容包括:一、涉及边寨违法倾倒场地的危险废物处置费用、送

检化验费用、鉴定费用、场地生态修复费用及后期跟踪监测费用由三被告承担。二、涉及修文县龙场镇营关村废弃洗煤厂的危险废物处置费用、送检化验费用、鉴定费用、场地生态修复费用、后期跟踪监测费用由三被告承担。三、由赔偿权利人的代表贵阳市生态环境局于2019年6月1日前牵头组织启动案涉两宗被污染地块后期修复及监测等工作。三被告按协议约定支付相应款项后,应于支付之日起十日内将相关单据提供给法院。贵阳市中级人民法院对调解协议进行公告,公告期内未收到异议。贵阳市中级人民法院经审查后依法制作民事调解书并送达各方当事人。现双元铝业公司、阮正华、田锦芳已按调解书内容履行了支付义务。

| 典型意义 |

本案是由生态环境保护主管部门直接提起的生态环境损害赔偿诉讼案件。人民法院在审理过程中严格遵循以生态环境修复为中心的损害救济制度,多次主持调解,力促各方当事人在充分考虑受损生态环境修复的基础上达成调解,并在调解书中明确了被污染地块修复的牵头单位、启动时限等,确保生态环境修复工作得以有效开展。同时,人民法院考虑到生态环境修复的长期性,在调解书中明确将后期修复工作的实际情况纳入法院的监管范围,要求三被告及时向法院报送相关履行单据,最大限度保障生态修复目标的实现。

| 点评专家 |

汪劲,北京大学教授

| 点评意见 |

本案系经人民法院调解结案的生态环境损害赔偿诉讼案件。构建生态环境损害赔偿制度的意义在于体现环境资源生态功能价值。为此生态环境损害赔偿制度明确了主动磋商、司法保障的原则,目的在于让赔偿权利人与赔偿义务人尽早就赔偿事项达成一致,尽快启动生态环境修复工作。在此背景下,人民法院在职权范围内积极探索多元化的纠纷解决方案，发挥能动司法的作用，除了可以顺应当事人双方希望尽快就生态环境损害赔偿达成一致的基本愿望外，还提高了生态环境损害赔偿纠纷的解决效率，保护了亟待修复的生态环境损害。

此外，生态环境损害赔偿纠纷案件的圆满解决还涉及生态环境修复工作的实际执行，其结果具有很强的延时性。为此，人民法院在主持调解的基础上，就调解协议的实际履行所存在的实体和程序问题，包括实施费用、修复工作的行为监督与资金管理以及修复效果保障等内容都作出具体安排，并调动参与生态环境修复工作的各方主体认真履行义务，充分体现了调解方式的优越性。

人民法院司法改革案例选编（六）

北京市顺义区人民法院——聚焦“三个强化”切实发挥案件质量评查监督作用

北京市门头沟区人民法院——发挥人民法庭优势　打造服务乡村振兴基层阵地

天津市河北区人民法院——完善“四类案件”全流程监管机制提升审判质效

上海市徐汇区人民法院——积极整合外部资源　探索诉讼辅助事务社会化新模式

上海市长宁区人民法院——坚持全员覆盖全面监督全程管控　打造新型审判监督管理体系

江苏省淮安市中级人民法院——建立标准化流程化智能化分流机制　实现审执案件科学繁简分流

江苏省昆山市人民法院——打造无纸化审判管理“千灯方案”　释放智慧审判新动能

浙江省台州市中级人民法院——建设司法风险防控系统　搭建智能化监督管理平台

浙江省丽水市莲都区人民法院——创新建立执行专业法官会议制度　推动执行领域法律适用标准统一

福建省福州市鼓楼区人民法院——探索建立实习法官助理机制　强化审判辅助工作力量

江西省高级人民法院——三步走战略打造全省法院集约送达新模式

河南省信阳市中级人民法院——构建“五位一体”监督管理体系　多角度全方位严把案件质量关

北京市顺义区人民法院

——聚焦“三个强化”切实发挥案件质量评查监督作用

北京市顺义区人民法院以强化监督管理、统一裁判尺度、提升审判质效为目标，扎实开展案件质量重点评查工作，着力解决裁判尺度不统一等问题。近两年，在收案增幅持续超过30%的情况下，实现结案数、结案率、结案均衡度上升、未结案数下降的“三升一降”良好审判运行态势，全院审判质效成绩连续两年位列全市法院第三位。

一、强化组织保障，实现评查主体固定化

该院制定出台《案件评查委员会管理办法》，不断完善案件评查机制。一是成立案件评查委员会。由院党组副书记、副院长任主席，审判委员会专职委员任秘书长，20名业务庭副庭长和综合部门业务骨干任评查委员。二是组建相对固定的评查团队。建立形成主管院长主抓、专委牵头、审管办组织、评查委员具体负责的案件评查工作格局，除个别人事调整导致变动外，基本保持了人员稳定。三是强化组织保障。固定评查会议会期、场地，每季度首月第二个周三下午在审判委员会会议室举行，便于评查委员合理调配时间，确保按时出席，案件评查委员会运行以来，出席率始终保持在95%以上。

二、强化制度建设，实现评查程序规范化

一是制定出台《案件评查工作办法》。将评查工作办法作为全院案件评查工作的纲要和指南，实现评查工作制度化、平台化、透明化。二是严格执行

回避制度。评查委员对于自己承办的案件,在评议时回避,实现评查公平公正。三是建立完善评查程序。建立完善"初评+复评"模式,围绕评查尺度、程序、实体讨论形成初评意见,若会议投票结果与初评意见相悖,缺乏合理解释,将对案件进行复评。建立异议案件复议机制,承办人若对评查认定结果有异议,可向审判委员会提出复议。四是探索构建信息化平台。推动实现评查案件自动批量导入、固定评查项目、统一定错等级,并通过多变量分析法全面、精准反映案件质量问题。

三、强化问题导向,实现结果应用精准化

一是每季度编发《案件评查专刊》。汇总、梳理评查出的问题,辅以典型案例,供各庭室学习、借鉴,为解决类案问题提供参考。二是召开法官会议集中讲评。各业务口、各庭室围绕评查出的问题,定期通过召开法官会议集中讲评,便于法官查找问题症结、提高司法能力。三是建立定期报告制度。案件评查委员会定期向审判委员会报告工作,针对案件质量问题列出整改清单,明确责任部门和整改时限,并以审判委员会决议的形式督促落实,充分发挥案件评查改进、提高案件质量的作用。四是强化责任追究。加强差错案件的责任追究,将评查结果与业绩考核和评优挂钩,对因工作责任心不强、案件出现严重低级错误的个人在年底评优评先时"一票否决",并在绩效奖金发放中降档处理。

北京市门头沟区人民法院

——发挥人民法庭优势　打造服务乡村振兴基层阵地

门头沟区位于北京西郊,所辖区域98.5%是山区农村。近年来,北京市门头沟区人民法院紧紧围绕区域经济社会发展大局,以设在农村地区的人民法庭为阵地,积极探索强化乡村振兴司法服务保障新模式。

一、积极探索党建引领人民法庭建设工作机制

门头沟区法院将夯实基层党建基础作为固本之策,健全完善与乡村振兴战略相匹配的组织体系。一是拓宽专业型党群服务中心辐射面。该院人民法庭与属地党委建立"双向需求征集、双向提供服务、双向沟通协调、双向评价通报"的合作机制,在北京地区率先成立了专业型党群服务中心,推出"融进去""迎进来""沉下去"的党建工作体系,推动司法服务覆盖辖区全部130个村庄。二是扩展司法职能型党小组延长线。以对接乡村中心工作要求、对接乡村群众司法需求为导向,建立了乡村小微企业法律志愿服务等6个司法职能型党小组,通过与村党支部交叉讲党课、开展联合调研以及服务"两委"换届等形式,从单一的案件审理进阶为多功能司法保障。三是激活模范先锋党员关键点。将人民法庭作为优秀青年干警的成长基地、领导干部的选拔基地,制定人民法庭干警轮岗交流办法,选派政治素质过硬、业务能力精湛的优秀青年干警到法庭工作历练。法庭现有干警平均年龄为33岁,研究生以上学历占73%。同时,与属地党委签订合作协议,安排法官助理分期到镇村一线开展"浸润式"体察锻炼。近两年,已有20名法庭干警到属地镇政府、派出所等部

门进行为期1个月的全日制跟班学习,帮助干警增加基层阅历,提高群众工作能力。

二、推进“诉源治理”强化乡村振兴司法保障

门头沟区法院在依法妥善审理好涉农案件的同时,创新发展新时代“枫桥经验”,推动司法力量向基层下沉,深化多元化纠纷解决机制改革,探索推进诉源治理,助力建设充满活力、和谐有序的善治乡村。一是因村制宜指导完善村民自治章程。根据各村生活特点,分析治理薄弱环节,对朴素的乡规民约进行细化和提升,协助77个村制定村民自治章程,以法治契约精神提升村民自治能力。二是精准发挥司法案件“晴雨表”作用。以审判执行规律为切入点,注重发现总结经济社会发展动向,通过司法建议、专题座谈、审判白皮书等形式,及时为党委政府提供决策参考,提升纠纷隐患预警预防水平。比如,针对门头沟山区道路弯多路险的情况,梳理绘制《门头沟区交通事故高发地图》,并将该“地图”嵌入百度地图风险提示板块。三是依托智慧法庭推动司法便民提档升级。积极争取市高院,区委、区政府支持,完成全部法庭新建及改扩建工程,对软硬件设施进行全面升级。通过网上立案、在线查询、网络调解、道路交通事故纠纷一键理赔等手段,有效打破地域限制,实现全域司法服务的普惠均等、便捷高效、智能精准。四是因势利导推进和谐无讼村居建设。制定《和谐无讼村居创建工作办法》,实行定点联村机制,明确年度量化指标。驻村法官经常性入村走访,开展订制式精准普法,定期排查潜在隐患,牵头建立三级联动协调机制,推动矛盾纠纷的就地、源头和多元化解。2018年,法庭指导民调化解诉前纠纷1541件,开展巡回审判66次。近两年,已创建的32个和谐无讼村居实现刑事案件零发案。

三、通过法治文明引导乡村文明焕发新气象

门头沟区法院以社会主义核心价值观为引领,推动司法专业性与法治文明、传统文化相结合,积极培育文明乡风、良好家风、淳朴民风。一是发挥法庭文化建设带动效应,营造良好文明氛围。大力展示弘扬中华优秀传统文化、中

华法系优秀传统法律文化,结合时代特点、地域特点创新载体形式,引导塑造自尊自信、理性平和、积极向上的乡村社会心态。2018 年,各人民法庭接待参观交流 1600 余人次,着力营造法治文化良好氛围。二是吸纳发挥乡贤积极力量,激发乡村文明内生动力。邀请作风正派、威望较高的乡贤依法依规担任诉讼联络员、人民陪审员、诉讼调解员、法治宣传员,通过先进"身边人"的典型示范,推动乡村群众的自我管理、自我教育、自我服务、自我提高。三是树立"情理法"相融的裁判理念,引领乡村社会风尚。深入挖掘乡村熟人社会蕴含的道德规范,倡导"守望相助、出入相友",提高裁判文书释法说理本土化水平,传递"向上向善、孝老爱亲、重义守信、勤俭持家"的正向价值观念。

天津市河北区人民法院

——完善“四类案件”全流程监管机制提升审判质效

天津市河北区人民法院不断完善院庭长监督管理机制,针对群体性案件、疑难复杂案件、类案冲突案件和特定案件等“四类案件”发现难、启动难、留痕难、追责难问题,通过明确监督管理范围、细化监督管理权限、规范监督管理程序、落实监督管理责任等举措,实现充分放权与有效监督管理统一。通过强化“四类案件”监督管理,该院审判质效有效提升,2019 年 1 月至 5 月,结案率 78.11%,同比上升 6.25 个百分点;发改率 0.87%,同比下降 0.46 个百分点;初访案件 17 件,同比下降 69.09%。

一、细化“四类案件”监督管理范围,实现精准识别不遗漏

河北区法院制定《规范审判权和审判监督管理权实施细则》,将“四类案件”具体细化为“七类 21 项”,提高识别操作规范化水平。一是明确“群体性案件”范围。综合考虑涉案群体、人数、领域、社会影响等因素,将重大集团诉讼案件、系列案件,涉少数民族宗教习俗的敏感案件,对区域发展、行业经营和群体利益造成重大影响、可能引发重大群体性事件的案件归入该类。如该院审理的由最高人民法院指定管辖的 10 起涉 92 名被告人的电信诈骗系列案、15 起涉案标额的 3.5 亿元的“善林金融”非法吸收公众存款案等,均作为“群体性案件”重点监督管理,对风险隐患提前防范监控。二是细化“疑难复杂案件”标准。将法律关系复杂、争议焦点多、涉案标的额大、证据采信存疑、法律适用困难、案件审理期限较长、合议庭成员意见分歧重大等 11 类情形细化归

类，提高疑难复杂案件识别精准度。三是明确“类案冲突案件”标准。包括与本院或上级法院已生效、待生效判决可能发生冲突案件，需要与本院正在审理的其他类案统一裁判标准案件，以及被上级法院发回重审、指令审理或指令再审案件，着力避免“同案不同判”。四是结合实际界定“特定案件”范围。将矛盾纠纷敏感、激化或社会广泛关注、可能成为舆论热点等案件依规纳入监督管理，如棚改拆迁行政案件等。

二、明确“四类案件”发现主体，确保及时推送责任明

河北区法院明确“四类案件”发现主体及发现重点，实现告申庭、承办法官、院庭长、监察部门等多主体多环节监督管理。一是加强立案环节审查。由立案法官初步评估甄别并及时提示院庭长，实现源头及时预警。二是完善承办法官主动报告制度。明确要求承办法官发现符合“四类案件”标准后主动提请庭长监督，庭长认为确有必要的层报提请院长监督，并通过完善追责机制督促法官履行主动报告职责。三是规范信访纪检监督管理程序。纪检监察、信访窗口对举报违法审判线索初步识别，及时将认为符合标准案件信息移交院庭长，由院庭长决定是否启动监督程序。

三、规范“四类案件”监督管理程序，力争监督管理到位不越位

河北区法院制定了《加强院庭长审判监督管理职责的工作规则》，细化“四类案件”发现、甄别、报告、公布等流程，明确发现、启动、认定、追责主体，实现规范化、科学化、公开化监督管理。一是规范院庭长监督管理方式。院庭长可以通过向审判组织推送类案判决、典型案例，全程查阅卷宗、旁听庭审、监督管理审判流程运行情况等方式履行监督管理职责，明确对法官有违法审判行为的案件，院庭长可以调整承办人。二是规范承办法官接受监督方式。包括主动识别、标注提请监督案件，并按要求报院庭长；根据院庭长要求，及时报告案件审限、办案计划、案件进展和评议结果；落实院庭长对程序性事项审批意见，并将有关文书入卷备查。三是规范监督管理结果处理程序。明确院庭长与合议庭意见不一致的，不得直接改变合议庭意见，应提交专业法官会议研

究,讨论结果作为合议庭定案参考。专业法官会议意见与合议庭意见不一致的,主管院长有权决定将案件提交审判委员会讨论决定。四是规范监督管理责任追究。建立监督管理情况台账,对怠于履行发现、申报、认定、监督等责任导致严重后果的,依规追责。

四、研发应用个案监督管理平台,推动阳光监督管理全留痕

在案件信息管理系统中嵌入个案监督管理模块,全程记录案件审理、监督管理情况。2018 年 10 月系统上线以来,河北区法院共有 347 件案件通过该系统纳入监督范围。一是明确标注主体。明确告申庭、承办法官和院庭长甄别发现“四类案件”后及时在系统中标注公示,由系统自动提醒相关主体开展监督或接受监督。前述 347 件案件中,由立案庭标注 8 件,承办法官标注 141 件,院庭长标注 198 件(其中系列案件、串案 65 件)。二是监督意见留痕。院庭长对提请监督、主动监督案件,在弹出框中记录“提交专业法官会议研究”等具体监督意见,提交后案件承办法官及合议庭成员实时可见,确保监督过程及结果留痕可见。三是加强统计分析。办案系统对各类主体甄别出的案件标注不同颜色,在大数据应用系统中增设院庭长监督情况统计模块,及时收集研判监督数据情况。该系统上线后,进一步实现了各方责任清楚、边界清晰、留痕具体,有效防范解决了院庭长不会管、不敢管、不留痕担责等问题。

五、强化监督结果应用,推动严格监督管理提质效

一是强化案件评查针对性。对纳入监督范围的部分案件组织专人开展质量评查,提高评查命中率。对未纳入监督管理范围案件开展抽查,一旦发现存在应当发现未发现、应当标注未标注、应当认定未认定、应当监督未监督等情形并造成严重后果的,严格依法追责。二是统一类案裁量尺度。对串案、类案通过院庭长监督及时统一裁判标准,减少类案不同判问题。三是实现审判质效精准考核。将“四类案件”监督作为司法责任制考核项目纳入该院 2019 年审判质效考核办法,根据权责分配实际,对法官、法官助理、书记员及所在部门确定不同分值,以考核量化监督管理责任。

上海市徐汇区人民法院

——积极整合外部资源　探索诉讼辅助事务社会化新模式

上海市徐汇区人民法院探索建立诉讼辅助事务社会化解决机制,制定《诉讼服务事务社会化管理办法》,在诉讼服务中心下设“诉讼服务事务社会化管理中心”,形成调解员、送达员、调查员、协执员、归档员、扫描员、诉讼辅导员、技术保障员和志愿者为主体的社会化诉讼辅助人员队伍,规范辅助人员引进、培训、考核、续用、退出等环节。近年来,该院同期结案率、审限内结案率、一审服判息诉率、二审改判发回瑕疵率指标均位于全市基层法院前列,审判力量不断增强,质效不断提升。

一、整合社会资源开展委托调解,调解员助力缓解案件压力

徐汇区法院大力完善多元解纷机制,积极利用多方社会力量参与案件调解,将非诉讼纠纷解决机制挺在前面。一是对接司法局联合调解委员会(“联调委”)。在诉调对接中心引入 21 名常驻调解员,在 8 名法官指导下开展诉前调解,2018 年 1 月至 2019 年 3 月调解婚姻家庭、劳动争议、物业、信用卡、公用事业费等各类纠纷 38022 件。二是对接行政调解机构。在区交警支队设立交通事故赔偿调解室,派驻 1 名法官和 1 名书记员参与调解室工作,配备 2 名调解员,并陆续引入司法行政力量和保险同业公会派员参与,形成道交纠纷“四调联动”工作格局。截至 2019 年 3 月底,共调处道路交通事故纠纷 19070 件,占同期同类纠纷结案数三分之二以上。三是对接社区性调解组织。依托“甘棠树下”社区法官工作室与辖区内 13 个街道

(镇)诉调对接工作站对接,培训指导人民调解。2018 年 1 月至 2019 年 3 月,共审查 689 份人民调解协议,调解 156 起重大疑难纠纷。四是对接行业性调解组织。目前已实现与保险同业公会、金融消费纠纷调解中心、银行业纠纷调解中心等 3 个市级行业调解组织和医患纠纷、劳动争议、房地物业等 14 个区内行业调解委员会的对接。2018 年 1 月至 2019 年 3 月,委托调解成功 2642 件案件。五是引入社会组织参与调解。先后将“上海先行法治调解中心”“上海人桥法律服务调解中心”引入商事案件诉前调解工作,每月调解成功近 20 件案件。

二、引入第三方公司开展委托送达,送达员助力破解“送达难”

徐汇区法院推动送达模式改革,探索委托第三方公司开展送达工作。一是审慎选定合作方。通过政府采购程序确定一家具有安保护卫资质、目前承担上海轨道交通安保任务的保安服务公司承担送达工作。二是建设专业化队伍。指导第三方公司成立一支由 17 人组成的专业队伍,制定工作标准,开展专业培训,研发“诉讼材料护送查询管理系统”软件,开通“诉讼材料护送”微信公众号,便利管理查询。三是深入拓展服务范围。除传统送达外,还承担张贴市内公告、回收居委会复函等延伸工作。明确细化送达次数、录音录像等记录形式,以及确属无法送达后到物业、居委会开展走访调查等要求。新的送达方式与 EMS 同步运行,由业务庭自行选择。截至 2019 年 3 月,该公司已收件 28 万余件。公司送件的直接送达率(当事人签收)为 90. 4%。

三、引入公证力量开展委托调查,调查员助力缓解“取证难”

该院借助公证机关取证专业、权威的优势,引入公证力量开展委托调查取证,着力破解当事人取证难问题。该院成立诉讼与公证对接工作室,与区司法局、区公证处签约开展公证参与司法辅助事务合作,将合作范围从原家事案件调查拓展至事实证据调查、诉讼保全、执行保障、辅助送达等审执工作各方面。建立信息共享查阅快速通道,借助公证处渠道快速查询婚姻登记、医学死亡证明、公证遗嘱等信息和公证文书,引进公证处派员驻院提供"一门式"服务。截至2019年3月,累计委托646件,办妥588件。

四、聘请第三方力量参与现场执行,协执员助力破解"执行难"

成立上海法院首支"协助执行员"队伍,以群众反响强烈、老案难案集中的腾退类等现场强制执行案件为突破口,助力现场执行。一是内外联动,强化保障。积极与区财政等部门协调,落实经费保障。与相关单位提前现场勘察,共同制定工作预案,确保工作稳妥有序。二是加强培训,规范管理。制定协助执行员工作守则和管理细则,开展岗前培训,组织现场模拟演练,明确规范协助执行员工作职责、工作要领、着装用语等要求。截至2019年3月底,协执员共参与执行38起256人次。同时,将公证力量创新引入执行现场清点工作,提高专业化水平和公信力。

五、签约律协和高校打造青年实践基地,志愿者助力减负诉讼事务

一是引入青年律师志愿者。在诉调对接中心设立"青年律师实践基地",在执行事务中心设立"青年律师志愿服务岗",由青年律师参与为期6个月的见习调解或执行辅助工作。2018年1月至2019年3月,律师志愿者共参与诉前调解案件7155件。二是引入高校法律专业研究生志愿者。与上海师范大学法律学院签订合作协议,协助诉讼服务中心开展窗口咨询、诉讼引导、便民服务、裁判文书上网等辅助工作。

六、通过政府采购诉讼服务项目,引入归档员、扫描员、技术保障员和诉讼辅导员承担诉讼辅助工作

借助社会力量分解归档、卷宗扫描、信息技术保障及诉讼辅导等诉讼辅助

事务,促进提高审判工作效率。比如引入归档员、档案扫描员、技术保障员等协助开展归档、电子卷宗随案生成和归档扫描、驻场信息化维护等工作,并扩展物业服务范围,由物业公司派驻诉讼辅导员协助从事导诉、阅卷接待、信件收发、电话总机等事务,提高诉讼辅助效能。

上海市长宁区人民法院

——坚持全员覆盖全面监督全程管控打造新型审判监督管理体系

近年来,上海市长宁区人民法院坚持放权不放任,逐步探索形成院级、庭级、职能部门、法官个人“四管齐下”,党组巡察、审务督察、信访核查、案件评查“四查并举”,审判程序、审理思路、规范指引、审判质效“四维一体”的新型审判监督管理体系。

一、强化“四管齐下”,实现监督管理全员覆盖

一是院级层面“重点管”。该院将审判监督管理列为“一把手”主抓事项。定期召开院党组会,专题研判审判质效,提出整改建议。强化审判委员会监督管理指导职能,推动从个案指导向总结审判经验、加强审判监督管理、研究审判重大事项等职能转变。

二是庭级层面“直接管”。明确庭长可通过案件流程监督管理、案件质量评查、审判态势分析、审判经验总结等方式行使监督管理权限,确保本庭案件审理优质高效。

三是职能部门“牵头管”。围绕监督管理重点环节健全制度机制,督促院庭长履职尽责,细化院庭长办案数量要求,定期统计通报庭领导办案情况。加强对重大敏感案件的监督管理和处置能力,履行好组织、协调、评估、监督等职责。

四是法官个人“自主管”。探索规范法官自主管理委员会制度,制定《法

官自主管理委员会工作规则(试行)》,突出法官在审判中的主体地位。2018年,法官自主管理委员会有序参与审限外结案(62件)、改判发回重审案件(24件)、上网裁判文书质量评查(150篇)、全国法院上网裁判文书交叉互查(42篇)等评查工作。通过将审判委员会、院庭长、审管办、审判团队、法官自主多元化管理有机结合,促使全院协同形成推进执法办案、提升审判质效的"一盘棋"。

二、深化"四查并举",实现执纪问责全面监督

一是聚焦部门建设深入开展党组巡察。发挥党组巡察监督功能,将巡察范围拓展到全体干警,通过"全身体检"规范审判执行权力运行。

二是聚焦行为规范扎实推进审务督察。实行两周一次现场检查庭审,常态化抽查庭审视频,及时通报暴露出的问题,挂钩季度绩效考核促进整改。2018年,实地检查44次,抽查庭审视频347件,发布《审务督察通报》4期,实名表扬19例、实名通报18人次,将督察结果纳入部门考核。

三是聚焦问题线索严格规范信访核查。把好问题收集、案件分流、流转督办、接访质效"四关",畅通举报渠道,落实"面对面"谈话,精准问题研判,严格核查处理。2018年,处理各类信访97件(重复23件),其中检控件1件,经查均为不实。

四是聚焦司法责任切实开展案件评查。定期听取对长期未结案件、二审改发案件、案件质量评查等意见或报告,对问题集中的法官适时提醒、谈话。邀请人大代表、政协委员参与案件评查,对信访案件、审判委员会确定承担差错责任的案件,查清情况,理清责任,做好研判。

三、坚持"四维一体",实现案件质效全程管控

一是动态监督管理规制审判程序。开展均衡结案度与月度结案动态监督管理,每月定期召开收结存对账会,确保结案目标完成,建立长期未结案件审判委员会专项督办机制。优化分案制度,突出流程管理和节点控制,确保繁简分流、高效均衡结案。截至2018年12月,12个月以上未结案件数量大幅缩

减,同期结案率 100%,均衡结案度远好于同期全市基层法院均值。

二是统一规范类案审理思路。制定《专业法官会议实施细则(试行)》,发挥专业法官会议对重大、疑难、复杂、新类型案件及法律适用统一问题咨询功能,定期开展类案法律问题及审判思路讲评、培训,梳理形成覆盖立审执各类工作指南、规程二十余种。探索开发借贷类案件及少年权益保护司法大数据分析平台,利用“C2J 法官办案智能辅助系统”等大数据手段服务法官办案,通过完善法律统一适用机制加强审判执行监督。

三是司法公开倒逼落实规范指引。严格贯彻裁判文书上网、审判流程信息公开相关规定,加大庭审网络直播力度,进一步强化外部监督力量,2018 年该院开展庭审网络直播 267 次,判决书上网率达到 100%。

四是多措并举全面提升审判质效。常态化开展案件质量评查,逐案检查二审改发案件,检查结果向审判委员会书面报告。制定落实《关于案件差错责任追究的若干规定》,健全司法责任认定追究机制。2018 年定责案件 21 件,均纳入工作绩效考核。制发《审判监督与审判管理》《审监工作提示书》《审判委员会通报》等,推动审判质量提升。2018 年,在 30 项基层法院相关审判质效综合评估指标中,该院 7 项位列全市第一,26 项高于全市均值,审判质效位居全市基层法院前列。

江苏省淮安市中级人民法院

——建立标准化流程化智能化分流机制实现审执案件科学繁简分流

近年来，江苏省淮安市中级人民法院建立完善案件繁简分流机制，取得了阶段性成效。2018 年，全市法院案件平均审理天数 41 天，市中院速裁案件平均审理天数 17.6 天。实施执行领域繁简分流改革以来，15 个快执团队共办结简易执行案件 13347 件，约占同期执行结案总数的 37.58%；2019 年 1 至 2 月，执行案件平均结案用时 81.38 天，同比缩短 68.86 天；法定期限内结案率 95.51%，同比提升 24.08 个百分点；执行完毕案件结案平均用时 54.23 天，同比缩短 81.53 天。

一、构建标准化分案机制

该院成立由审管办和信息化人员组成的繁简分案小组，建立信息化甄别系统，实现智能归类分流。通过大数据分析，总结梳理出两级法院各类案件繁简程度核心甄别要素，制定《简单案件立案识别标准》《复杂疑难案件立案识别分流标准》，建立“35434”标准系统，即针对民事一审案件选取“案由、标的、主体”3 要素；民事二审案件，选取“案由、标的、主体、审限、诉状字数”5 要素；刑事二审案件，选取“罪名、主体、一审判处刑种、刑期”4 要素；行政一审案件，选取“案由、主体、诉讼请求”3 要素；行政二审案件，选取“案由、主体、一审程序类型、裁判方式”4 要素，在立案阶段加以甄别，实现科学量化分流。

二、科学划定繁简案范围

结合审判工作实际,该院进一步明确了划分案件繁简的5个重要考虑因素:一是审判方式,如管辖权异议等裁定类案件、劳动仲裁司法审查类案件等可以不开庭审理案件;二是案件类型,案件事实相对清晰、法律适用和实践研究较为成熟,可以采用要素式审判;三是平均审理时间,一般而言平均审理时间较短的案件相对简单;四是当事人需求,部分案件当事人对诉讼效率有迫切需求的,如买卖合同、借贷纠纷等;五是系列性案件或关联案件,由同一审判组织集中时间审理有利于提高诉讼效率。确定10类民商事案件、3类行政案件、5类刑事案件实行"简案快审",除此以外的案件实行"繁案精审",推动审判资源优化配置。

三、推行执行案件纵向分流

依托"点对点""总对总"系统,该院对执行案件进行"漏斗式"分流过滤。一是实行"类型化初选",在执行指挥中心设立繁简甄别专员,立案2日内对新收案件统一进行网络查控、首次约谈、财产保全情况查询,将执行标的额较小、查控或保全财产足以清偿、查无财产等财产执行案件,发送协执手续即可办结的行为执行案件识别为简易执行案件,对排除妨害、强制拆除、房屋迁让等案件识别为普执案件,并在立案3日内进行首次分流。二是推进"精细化过滤",经网络查询后,对于无法网上查明权属情况的案件,由查控专员进行二次实地核查。对有财产但无处置权的识别为简易案件,对有处置权且需要处置不动产、车辆及机器设备等较大价值动产案件,以及上级法院交办、督办案件识别为普执案件,并根据情况二次分流。三是严格"流程化退出",快执团队办理简易案件过程中,出现当事人提出执行异议的,或必须进行财产处置的,经批准转为普执案件。2018年,全市法院快执结案12421件,占同期执行结案的30.02%。

四、推进信息化智能识别分流

以繁简案件识别标准为基本思路,该院研发了智能识别应用软件,并内嵌集成至人民法院立案信息系统。对当事人一审或上诉案件,在引入案号等必要信息后,实现一键识别、标记案件繁简类别。同时,将识别标准和识别结果推送立案人员对照参考,由立案人员结合实际辅以人工调整,减少识别盲区。2018 年 8 月该应用上线以来,淮安中院二审简单民事案件甄别准确率达到 90%以上。推动拓展繁简期限自定义设置、简案退回等功能,研究设置简案办理期限并实现跟踪提醒。增加"简案退回"网上审批流程,对实际审理过程中发现不属于简案的案件,经领导审批后去除标记退回立案庭再次分流,确保繁简分流系统化、科学化。

江苏省昆山市人民法院

——打造无纸化审判管理“千灯方案” 释放智慧审判新动能

近年来,江苏省昆山市人民法院案件受理数持续高位运行,连续两年超4万件,员额法官年均结案超430件。为缓解办案压力,提升审判质效,该院尝试在辖区千灯镇千灯人民法庭推进构建以电子卷宗随案同步生成及深度应用为基础,以纸质卷宗智能中间库为关键,以辅助事务集约化管理为保障的智慧审判“苏州模式——千灯方案”,并在昆山市人民法院全院推广运行,取得了良好效果。

一、建立全流程应用系统,实现审判管理智能化

该院建立覆盖全部审判环节的司法辅助集约化管理系统,院庭长、法官和审判辅助人员通过登录系统实现线上线下统筹分工协作,提升审判管理效率。

一是重塑审判管理流程。在接收材料环节,服务外包人员将当事人提交的诉讼材料扫描成电子文档,应用电子卷宗智能编目系统,运用图文识别、机器学习等技术自动拆分、标注和编目。在立案环节,将电子材料即时在线推送立案人员审查,立案后直接推送法官,纸质卷宗同步移交中间库,实现电子、纸质卷宗线上线下同步有序流转。在审查办理环节,法官接收电子卷宗后,在线向司法辅助集约服务中心发送指令,中心根据指令完成材料制作、集中送达、保全等程序性事项。在结案归档环节,系统自动将诉讼材料整理形成电子卷宗,尝试完成纸质卷宗和电子卷宗同步“一键归档”。

二是加强智能化办案辅助。加强庭审技术支持,通过电子质证“随讲随

翻”系统,提供语音识别转化、语义分析、智能转写、法条检索“随讲随查”等基础服务,实现了电子卷宗批量可视化质证,庭审时间缩短 20%。加强办案智能辅助,应用“案件裁判智能研判系统”“简易裁判文书一键生成系统”“法律文书左看右写”等系统,自动分析电子卷宗,实现智能提取和对应关联案件基本事实、争议焦点等关键信息,自动推送类似案例及有关法律法规供法官参考。针对案情相对简单的劳动争议、道交纠纷等 5 类案件,根据类案审理规则和裁判尺度,自动生成参考裁判文书,文书撰写效率提高 30%以上。

2018 年 11 月,该院全面复制推广“千灯方案”,截至 2019 年 4 月底,共收案 20432 件,结案 18186 件,人均月结案 41. 2 件,同比上升 16. 5%,长期未结案件同比下降 18. 2%。

二、完善审判权运行机制,推动审判辅助事务集约化

一是实行辅助事务集约化、社会化管理。成立司法辅助集约服务中心,依托司法辅助集约化管理平台,将材料收发、庭审排期、文书送达、财产保全、案件报结、卷宗装订归档等辅助事务从审判团队剥离,按照“合并同类项”方式统一集中办理。积极引进社会化服务,以推进电子卷宗随案同步生成和深度应用为切入点,将纸质材料扫描、电子卷宗编目、EMS 专递寄送、装订归档等事务外包,使法官助理工作减少约 50%。

二是创新优化审判团队结构。根据队伍建设实际推动书记员分类管理,部分符合条件的书记员集体转为法官助理,部分书记员转入辅助事务团队集中从事辅助事务,由原有的“法官+法官助理+书记员”团队模式,转变为多个“法官+法官助理”团队共用一个辅助事务服务团队的扁平化管理模式,确保法官专注行使审判权,法官助理主要负责业务性辅助工作,辅助事务团队主要负责事务性辅助工作,保障法官集中精力尽好责、办好案。

三是完善人员考核体系。一方面,调整原有结案数量一元考核导向,综合考量分工、案件类型、流程节点等因素,合理设置权重比例,利用审判管理系统自动抓取、测算、分析案件信息数据,科学评价员额法官办案绩效。另一方面,对辅助人员实行“量化+定性”考核,通过考查系统中辅助事务指令的完成情

况和完成效果开展综合评价。

三、加强在线审判监督管理,实现办案流程可视化

依托信息化手段,创新建立法官与集约中心相互协作监督、院庭长全程同步监督管理模式。法官通过司法辅助集约化管理系统将辅助事务派至集约服务中心后,可以随时进行线上督办指导。集约服务中心完成交办事务后,系统通知法官及时启动下一办理流程。法官和集约服务中心任何一方不及时完成流程工作的,系统将提示院庭长介入管理。院庭长也可利用系统主动监督管理案件办理情况,开展网上评查,提高审判管理质量与效率。同时,每个审判流程节点均能及时生成电子卷宗,并同步推送至司法公开平台,方便当事人及社会公众查阅,为加强社会监督、推动提升法官司法能力和办案质效提供保障。

浙江省台州市中级人民法院

——建设司法风险防控系统　搭建智能化监督管理平台

浙江省台州市中级人民法院贯彻落实中央关于防范化解重大风险部署要求,自主研发与司法责任制改革相适应的台州法院清廉司法风险防控系统(以下简称清廉司法系统),不断完善审判权运行监督机制,有效织密科技“护廉网”。清廉司法系统正式运行两年以来,台州中院各部门触发廉政风险节点每季度均有大幅下降。截至2019年4月,共计触发248个风险节点,较上期(2019年1月)654个下降62.1%。

一、打造全方位综合监督管理平台

一是合理设置风险节点。清廉司法系统试设置了7大类60个审判、执行和综合风险点指标,其中审判风险24项,包括审判期限、审判事务、审判质量;执行风险26项,包括执行期限、执行措施、执行不力;综合风险节点10项。二是实现数据自动分析。清廉司法系统通过对接审判信息系统和执行管理系统,实现数据自动采集和同步更新,并自动筛选触发风险节点案件,分别提示承办法官、院庭长、纪检监察部门关注、处理。三是强化“三位一体”监督。着力推动监督工作全覆盖,院庭长通过系统风险自动预警、动态监控、提醒督促等功能对审执质效实施组织化、公开化、标准化监督管理;纪检监察部门借助系统的廉政数据库集成功能,建立干警廉政档案与全市法院廉政数据库;当事人可在线查看审判执行的节点推送情况,及时掌握案件公开信息。

二、筑牢全程监督信息化防线

一是创设“三色”预警模式,实现分类预警监督。该院充分研判案件风险类别和特征,根据不同风险等级,在清廉司法系统中设置红、黄、蓝三色预警模式:设置蓝色初级预警,由清廉司法系统自动向承办法官或直接相关人员推送信息,提示其自行纠正。设置黄色二级预警,风险等级介于高风险和低风险之间,由清廉司法系统提示院庭长关注,实时监控案件进展情况。设置红色三级预警,为高风险等级,预警后及时提醒院庭长、纪检部门履行监督职责。二是构建即时处理机制,确保实时监控管理。触发黄色、红色预警时,由院庭长、纪检监察部门通过短信、法务通、邮件等途径向承办法官或直接相关人员进行警示提醒,督促及时纠正。院庭长和纪检监察部门可根据系统自动触发的案件风险点,将风险节点提示的案件作为重点关注对象,实现跟踪审查。2018 年以来,清廉司法系统显示院庭长“已阅”193 次、“谈话”16 次、“提醒”50 次、“定期处理报告”3 次,推动实现监督管理常态化。三是落实事后查究,提升风险防控效果。全市两级法院纪检监察部门对触发风险节点案件定期分析、通报,提出整改意见建议。并不定期抽取触发风险节点案件进行廉政回访。对红色预警案件,由全市两级法院案件质量评查部门列为重点评查对象,将发现可能存在廉政风险的案件移送本院纪检监察部门调查。

三、健全清廉司法系统应用管理机制

一是明确平台强制使用规则。该院制定印发《台州市中级人民法院清廉司法系统管理使用办法》,规范承办法官、院庭长、纪检监察部门平台使用方式。对不按规定处理清廉司法系统警示风险提示、通报后仍整改不力的责任人员,以及对管理监督对象的廉政风险节点不提醒、不处置的院庭长、纪检监察人员,根据情节和后果分别采取约谈、批评等手段督促改正。二是建立专人专题数据分析制度。强化庭室主体责任,每庭室设一名廉政监察员,对平台运营使用和廉情动态变化进行梳理分析,确保建成“情况明、数据准、可监控”的数据库,切实发挥风险防控作用。三是注重建章立制,推进风险防控成果转化。梳理分析清廉司法系统运行中反映出的风险点类别，形成风险点台账，并制定完善有针对性的监督管理制度机制。2018 年，该院已针对排查出的风险情况，完成该年度风险点建章立制工作，着力提升风险防控制度化、常态化水平。

浙江省丽水市莲都区人民法院

——创新建立执行专业法官会议制度推动执行领域法律适用标准统一

近年来,浙江省丽水市莲都区人民法院从完善执行权运行机制入手,在全市范围内率先建立功能明确、辅助监督、过滤审查、科学管控的执行专业法官会议新机制,并制定《莲都区人民法院专业法官会议规则(试行)》(以下简称《会议规则》)等配套文件。目前已召开专业法官会议37次,研讨疑难和类型化案件涉及19次90余件,提供执行思路和建议26条,统一执行规范和管理标准10余次,指导案例5件,取得了初步成效。

一、明确会议功能定位,推进专业法官会议科学化发展

一是明晰职能定位。明确执行专业法官会议是为提供咨询意见、促进法律适用统一、依法依规开展执行管理和监督的重要平台。明确规定院局长、团队负责人在专业法官会议讨论过程中不得以职务身份对个案进行监督指导,且最终结论仅作为咨询参考意见。二是实现辅助功能。该院将执行专业法官会议作为提交审判委员会讨论议题的前置程序,充分发挥筛查过滤功能,形成疑难复杂案件“专家会诊”机制,会议讨论意见被承办法官采纳率达98%。发挥专业法官会议总结审执规律作用,分析执行质效运行态势,每月、季度形成报告提出改进措施,确保执行质效全面向好。对所有需终结本次执行程序案件,依托执行专业法官会议组成的“案件质量评查组”实施过滤审查,并统一建立检查台账。现已对6000余件案件进行审查,存在质量问题的案件降幅达

68%。三是注重平台整合。该院根据需要将民事、刑事等其他专业法官会议合并召开,及时解决执行规范化和立审执协调等相关问题。比如,该院构建新型执行团队,形成繁简案件分流机制后,为适应“大分案”和统一执行尺度需求,在案件存在繁简难分等情况时,召集跨庭室专业法官会议;涉及财产刑案件执行时,召集刑庭等部门召开会议;根据实际需要也可邀请上下级法院资深法官或专家学者等作为特邀成员,参与执行疑难案件的会诊、研讨和咨询,听取多方意见,搭建各方沟通协调平台。

二、细化会议管理流程,推进专业法官会议规范化运行

一是明确参会人员。根据执行一线工作经历、审执经验等具体要素,确定由分管院长、执行局长和执行经验丰富的员额法官组成执行专业法官会议,充分保证咨询意见“专业性”;根据实际允许执行团队中的法官助理列席旁听,增强咨询专业“包容性”。二是实行分层管理。建立执行专业法官会议“三级架构”,形成院长统管、分管院领导主管、局长实施的组织架构,确保管理有序和作用发挥最大化。对于督办或较为复杂、疑难案件,由院长召集,全体执行局及所涉事项团队的员额法官参加;分管院长、局长每月召集,对本月所涉复杂、新类型或类型化、多发事项提供咨询意见,比如对涉及系列执行案件处理、遗产处理等执行案件集中研讨;各执行团队负责人每周对本团队内所涉事项或个案处理进行会诊和提供咨询意见,比如新法的理解和适用问题、某些疑难案件处置等。如遇紧急情形,可由局长组织召集会议或经办人员提出申请召开会议。三是细化管理规程。制定完善会议申请召开程序、会议规则、备案登记、全程留痕记录制度等管理机制,提高规范化水平。在申请召开会议方面,执行法官需根据案件情况提前申请,由会议专职秘书安排会议并提前将相关材料发送参会人员。在议事规则方面,参会人员需充分发表意见、阐述理由,遵循民主公开原则讨论案件,促进解决问题、总结经验、提出建议,并形成专项报告或调研报告。

三、丰富成果转化形式,形成专业法官会议长效机制

一是推动讨论意见转化。发挥会议总结司法经验、完善执行制度的功能作用,针对财产处置、涉拒执、“执转破”案件等法律适用问题,形成可供参考的意见建议。同时,在案件管理、财产保全、节点流程和结案条件等方面统一标准。如对照第三方评估指标体系和最高法院结案标准等,讨论形成执行节点、措施和时限等规定动作标准,供执行实施团队学习研究参考。自实行以来,已形成执行实施权和裁决权分权运行机制、“终本”程序案件标准、涉恢复执行等规范性文件。二是推动案件质量提升。强化执行专业法官会议案件质量评查功能,及时汇总类型化案件信息和存在的共性短板,梳理研判类案或新型案件的新特点、新问题,定期筛查典型案例,总结形成可供参考的统一法律适用意见,真正有效提升案件质量。三是推动增强办案专业化水平。根据办案需求实际合理选择参会人员,合理确定列席人员范围,加强对法律适用、疑难问题等集中研讨,不断提升干警业务能力,实现“执行所专,案有所精”,构建学习型、专家型法官成长平台。

福建省福州市鼓楼区人民法院

——探索建立实习法官助理机制　强化审判辅助工作力量

近年来,福建省福州市鼓楼区人民法院探索推行实习法官助理机制,拓宽审判辅助人员来源渠道,强化审判辅助工作力量。

一、探索构建制度,发挥实习法官助理审判辅助功能

一是规范接收条件。该院明确拟任命实习法官助理要求为在校法学研究生(含法律硕士)且取得法律职业资格证书,严格人员准入条件。近年来,该院共任命八批 78 名实习法官助理,生源范围包括西南政法大学、福州大学、福建农林大学等院校。二是严格接收程序。在加强报考人员资格审核的基础上,举办福州大学实习法官助理面试会,抽调审判业务庭员额法官、监察人员、政工人员作为考官,从专业素养、表达能力及实习经历等方面对候选人进行考察,把好人员入口关。三是加强岗前培训。根据新招录人员年龄、经历、知识结构特点,近年来共举办实习法官助理岗前培训 27 次,培训内容涵盖法院实习生管理制度、纪律规定、保密制度、实习生日常工作内容及注意事项等方面,确保从严管理要求,帮助实习助理尽快进入工作角色。四是推行实习法官助理"双导师"制度。建立业务、学术"双导师"制度,安排员额法官或审判执行一线的优秀干警对实习法官助理进行一对一带教,指导法官经各部门初审、推荐,由政治处审核确定。政治处每年对指导情况复审 1 次,根据实际及时调整导师名单。在指导法官带教期间,该院另为每名实习法官助理配备一名学术论文指导老师,引导实习法官助理在

实习期间撰写案例分析或学术文章。五是加强服务保障。根据实际情况，适当提高实习人员的就餐、住宿、网络、生活设施等保障水平，营造良好的工作生活环境。

二、健全培养机制，建立业务水平与研究能力并重的培养模式

一是业务指导专业化。根据业务需求，按照专业对口原则合理分配至审判执行一线部门，增强岗位匹配度和业务指导专业性。基于实习法官助理理论基础扎实、研究能力较强，但司法工作经验不足的普遍特点，主要安排承担协助法官接待当事人、做好庭审准备、主持庭前调解、草拟法律文书等辅助性、事务性工作，推动理论实践相互促进。二是学术指导规范化。深化“双导师”培养模式，积极拓展内外部资源，为实习法官助理撰写论文提供便利条件。比如，聘请高校教师为实习法官助理进行论文开题指导；为实习法官助理购买论文写作相关书籍；提供一周的“论文假”；鼓励支持实习法官助理与指导法官合作开展审判理论及实务课题研究。2018 年，实习法官助理与指导法官合作完成的多篇论文，在《人民法院报》《中国劳动》等刊物上发表，其中获全国法院系统第三十届学术讨论会一等奖 1 篇、三等奖 1 篇，获省级奖项 6 篇，市级奖项 7 篇。

三、坚持严管厚爱，创新实习法官助理评价考核体系

一是坚持规范管理。制定《福州市鼓楼区人民法院实习教学管理规定》，明确实习法官助理的岗位职责和行为规范，推动制度化、规范化管理。二是组织定期回访。政治处定期组织院校回访，开展中期检查，全面了解实习情况，通过多方管理督促实习法官助理真学实干。三是注重氛围营造。领导班子定期组织召开座谈会，聆听实习法官助理对司法改革、队伍建设、审判工作等方面的意见建议，并对有价值的建设性建议逐项研究、推动转化改进，激发实习法官助理工作积极性、创造力、责任感。四是开展评优活动。经过部门推选、分管领导推荐、政治处审核、院党组研究决定等程序，对表现优异的实习法官

助理进行表彰，制发表彰文件，并在法院内网上通报表扬，激励学生见贤思齐、比学赶超。

四、推进院校共建，拓宽实习法官助理的来源渠道

积极拓展高校资源，先后与西南政法大学、福州大学、福建农林大学、福建工程学院、闽江学院等高校建立共建关系，签订共建教学科研实践基地协议书。多次深入高校开展实习法官助理宣传活动，分别从实习法官助理的来源渠道、实习法官助理岗位职责与任务、明确岗位锻炼目标三个方面，开设“实习研究生法官助理的技能要领”主题讲座。该机制建立以来，签约高校向该院输送多批次实习法官助理，其中西南政法大学共六批次 40 名、福建农林大学共两批次 19 名、福州大学共一批次 12 名。

通过建立完善实习法官助理机制，在现有编制条件下引进新生力量，显著缓解审判资源配置不均、法官工作负荷过载等现实问题，进一步释放审判执行生产力。

江西省高级人民法院

——三步走战略打造全省法院集约送达新模式

近年来,江西省高级人民法院始终坚持全省一盘棋、集约化发展、成建制推动理念,坚持管理创新和技术创新交融互促思路,采取三步走战略,持续加强全省法院送达服务体系建设,探索成立了全国法院首个省级集约送达中心,进一步打破法院层级限制和固有管理模式,将以院为单位的分散集约送达升级为全省统一集约送达,推动送达工作实现跨越式发展。

一、初级阶段:研发全省司法送达服务平台,构建以各法院为单位的分散集约送达机制

江西高院针对传统送达方式普遍存在的电话通知送达无准确记录、直接送达寻人难、邮寄送达签收难、公告送达被滥用等问题,在前期试点运行基础上,按照"审送分离"模式,研发全省司法送达服务平台,建立以全省各法院为单位的集约送达机制,将送达事务性工作从审判工作中分离,对所有文书送达进行归口处理,实现送达方式全覆盖、送达过程全留痕、送达服务多样化。一是送达工作统筹化。通过平台应用实现各类送达方式统筹集中管理,实现了在一个平台上既可支持网站、微信、电子邮件等电子送达方式,又可支持传统送达方式的信息对接、留痕和监督管理。二是送达过程全留痕。实现送达过程数据化、可视化,一方面,平台详细记录送达过程中所有节点信息、反馈结果、送达回证、证据材料等,方便法院管理和当事人查阅;另一方面,将原本独立的电子送达、邮寄送达、公告送达等各类送达方式,由一次送达事件串行起

来,形成完整的送达流程事件链,为送达方式转变提供证据支持。三是送达服务多样化。引入"互联网+"理念,平台不仅支持语音热线、短信、电子邮件、网站等传统电子送达方式,还支持微信、手机 APP 等移动客户端应用,同时对接邮寄送达、公告送达等方式实现信息反馈,为当事人提供多样化、便捷化的送达服务。

二、中级阶段:融合全省司法送达服务平台,以"收转发 e 中心"集中推动送达工作优化升级

一是建立集中管理系统。依托全省各级法院诉讼服务中心,融合司法送达服务平台,建设"收转发 e 中心"平台,在全省三级法院全部上线使用,对诉讼材料接收、流转、送达工作集约化、智能化管理。利用信息化手段重塑诉讼材料接收、流转、送达流程,保障送达服务标准化和规范化,形成覆盖全省的跨层级、跨区域送达服务事项办理网络。2018 年全省法院共接收网上立案申请 28571 件,立案受理 24115 件,跨域接收处理材料 16266 批次。二是提升智能化水平。实现全部送达文书在线生成、送达任务在线流转,并通过全省所有法院"收转发 e 中心"实体化窗口配套实现文书送达集约化、流水化作业。办案人员在网上办案终端根据需要发起送达任务,自动生成的送达文书并推送至"收转发 e 中心"送达服务系统,所有送达任务由送达专员在平台智能送达策略选择辅助下实现集约化处理。系统自动记录送达过程,自动生成送达日志和送达报告,回填办案系统、电子卷宗系统并同步向当事人公开。截至 2019 年 4 月,在平台上送达案件 548932 件,完成 1762096 次有效任务量;电子送达方式占比 38. 65%,电子送达成功率平均为 78. 65%。

三、高级阶段:首创全省法院集约送达中心,开启全省法院统一集约送达新篇章

一是提升人员集约化程度,集中组建全省送达服务团队。为解决初期工作标准不统一、工作效果不均衡、资源利用不充分、集约化程度不够等问题,江西高院成立江西法院集约送达中心,设置专门集约送达中心办公区域,集中组

建由 50 名送达专员组成的全省电子送达服务团队,统筹办理全省法院的电子送达工作,推动逐渐取代分布在全省各法院承担类似送达任务的送达专员,提升人员利用效率。二是提升事务集约化程度,实现部分送达任务省级统筹。建立全省法院统一的集约化电子送达服务中心,发挥省院资源、人员优势,将全省法院电子送达任务统一归口集中处理,减轻全省法院尤其是基层法院送达压力。利用全省法院“收转发 e 中心”网络,推进跨域邮寄送达集约化和本地化,推动“收转发 e 中心”向邮政延伸,在邮政系统省外业务分发中心设置送达站,集中处理全省法院向省外的邮寄送达。省内异地邮寄送达任务通过收转发网络系统向当地法院集中,由当地法院向当地邮政派单。三是提升管理集约化程度,规范全省送达工作标准程序。统一工作流程、热线电话、服务标准,着力为当事人提供普惠均等、便捷高效、智能精准的电子送达、网络公告送达服务,提高电子诉讼服务便民化水平。

河南省信阳市中级人民法院

——构建"五位一体"监督管理体系多角度全方位严把案件质量关

河南省信阳市中级人民法院坚持问题导向,探索构建以多环节启动监督管理程序为基础、审判流程全程跟踪为关键、院庭长事中监督管理为抓手、专业法官会议案件评查为重点、法官审判业绩考核制度为保障的"五位一体"监督管理模式,实现审判权内部监督管理整体推进、分级负责、全程跟踪、问责有效,持续推进审判质效全面提升。2018 年该院一审案件改判发回重审率仅为 3.7%,再审审查率为 6.64%,均为全省最优值。

一、"六环节"启动事前事中监督程序

一是立案甄别。立案部门在立案阶段甄别"四类案件"中群体性纠纷、可能影响社会稳定案件,在审判流程管理平台标注,提醒审判团队启动监督管理程序。二是承办法官甄别。承办法官认为属于"四类案件"的,填写《申请监督管理备案表》,主动提请院庭长监督管理。三是审判长甄别。审判长在参与案件审理过程中认为属于"四类案件"范围的,提醒承办法官主动将案件纳入监督管理。四是监察部门甄别。监察部门发现举报违法审判案件属于"四类案件"的,填写《申请监督管理备案表》呈报相关院领导。五是综合甄别。宣传部门发现重大舆情过程中可能需要监督管理的案件,及时通知相关业务庭室启动监督管理程序。六是院庭长甄别。院庭长在日常管理工作中,发现属于"四类案件"需要进行监督管理的,主动填写《院庭长履行监督管理职责

备案表》启动监督管理程序。

二、“五把关”加强审判全流程监督

一把立案关。全面实现网上办案,所有案件纳入流程管理,防范分案环节风险。二把审限关。设置审限临期预警提示、超审限警示功能,对法官进行智能化提醒,杜绝超审限案件,压缩扣审、延审比例。存在超期结案的,院长亲自签发督办函,限期结案。三把结案审批关。审判流程管理系统中设置立案、开庭、审限变更、结案、归档六大管理节点,严格执行结案标准。四把隐形超审限关。对于涉及可能会影响当事人权益的简易程序变更为普通程序、变更合议庭成员、变更审限等关键节点信息,系统通过短信平台向当事人发送信息,便利当事人及时了解审判流程,加强隐性超审限案件外部监督。五把上诉卷宗流转关。严格监控上诉案件卷宗移转环节,区分一、二审迟延移转的原因,定期通报,并纳入绩效考核。2018 年全市法院扣除审限和延长审限案件占比为 12. 42%,同比下降 2. 35 个百分点。

三、“四细化”规范院庭长事中监督方式

一是完善制度。制定《进一步落实院庭长审判监督管理职责的办法(试行)》,从四个方面规范院庭长“两权”运用,进一步明确院庭长审判监督管理权责清单,建立正常监督与干预过问的识别制度,准确把握正常监督与干预过问界限。二是明确标准。准确界定“四类案件”范围,明确涉及群体性纠纷、疑难复杂、类案冲突、违法审判等案件标准,确保院庭长行使职权精准监督管理。三是严格程序。细化院庭长对“四类案件”行使监督权及启动事中监督管理程序及方式,监督过程全程留痕,避免监督管理缺位。四是加强管理。明确院庭长行使审判监督管理权 14 项禁止性行为,规定不当监督责任追究情形,并将履责情况纳入院庭长业绩考评,确保监督管理权不滥用、不越位。

四、“三评查”发挥专业法官会议事后监督作用

一是建立多层次评查体系。建立健全“三评查”,即常规评查、重点评查、

专项评查制度。对全体员额法官审(执)结案件进行评查,每年一次随机抽选。对已审结的可能涉及质量问题、违法审判的特定案件进行重点评查,每季度开展一次。对某一类型案件、某一审判环节或裁判结果进行专项评查,并根据上级机关部署及审判管理需要适时开展专项评查,实现评查精准化、全覆盖。二是完善细化评查程序。"三评查"均由专业法官会议负责,由专业法官会议成员担任案件评查员,根据案件类型分配到各专业法官会议,纪检监察部门派员参与评查过程。评查结论分为合格、瑕疵、不合格、错误四个等次,重点评查由案件评查承办人提出评查意见,提交专业法官会议研究后报审判委员会讨论决定。常规抽查和专项评查由评查员个人做出评定,优秀等次和不合格以下等次的评定以及其他需提交集体评议的,按重点案件评查程序进行。规定提交集体评议案件要制作评议笔录,与评查表、评查报告一并交审管办留存备查。2018 年该院对 124 起信访案件进行评查,对存在的问题进行了分析通报,着力发挥案件评查监督作用。

五、"两挂钩"细化法官审判业绩考评制度

一是业绩考核与案件质量评定挂钩。制定员额法官绩效考核细则,采取计分制核定工作量,突出反映工作实绩。将审判指标逐项分解,重点关注案件发回改判、进入再审、信访情况、超审限等可能影响审判质效的情形,合理确定审判责任后纳入法官个人办案业绩考核,每月在电子屏公示每位员额法官审判业绩,强化法官责任。二是员额退出、表彰奖励、奖金发放等与业绩考核挂钩。明确法官员额退出以审判业绩为重要参考,探索将平时考核、年底奖金、职务职级晋升与审判业绩挂钩机制,建立以业绩为导向的绩效考核结果运用体系,健全差别化管理激励机制。

性侵害儿童犯罪典型案例

案例 1　韦明辉强奸案

案例 2　张宝战猥亵儿童案

案例 3　蒋成飞猥亵儿童案

案例 4　李堉林猥亵儿童案

案例 1

韦明辉强奸案

|基本案情|

2016年2月9日20时许,被告人韦明辉酒后在贵州省黔东南苗族侗族自治州某县自家新房门外遇到同村的A某(被害人,女,殁年5岁)在玩耍,遂以取鞭炮为由将A某骗至自家老房门口,双手掐A某颈部致其昏迷后抱到自家责任田内的红薯洞旁,又去老房拿来柴刀、锄头,先对A某实施奸淫,后将其放入红薯洞内,用柴刀切割A某的喉咙并用锄头挖泥土将A某掩埋。经法医鉴定,A某系被他人掐扼颈部导致窒息死亡,被性侵时为活体,被切割颈部前已死亡。

|裁判结果|

贵州省黔东南苗族侗族自治州人民检察院以被告人韦明辉犯故意杀人罪、强奸罪提起公诉。黔东南苗族侗族自治州中级人民法院经审理认为,被告人韦明辉无视国家法律,酒后掐扼被害人颈部,对被害人实施奸淫,并致被害人死亡。韦明辉的行为已构成强奸罪,犯罪情节特别恶劣,后果特别严重,社会危害极大,应依法予以严惩。依照《中华人民共和国刑法》第二百三十六条第二款,第三款第(一)项、第(五)项的规定,以强奸罪判处被告人韦明辉死刑,剥夺政治权利终身。

宣判后,被告人韦明辉提出上诉。贵州省高级人民法院经依法开庭审理,裁定驳回上诉,维持原判,并依法报请最高人民法院核准。最高人民法院经复核,依法核准被告人韦明辉死刑。韦明辉已于近期被执行死刑。

|典型意义|

人民法院对奸淫幼女犯罪历来坚持零容忍的立场,对罪行极其严重应当判处死刑的,坚决依法判处。本案中,被告人韦明辉强奸 5 岁幼女并致其死亡,挑战社会伦理道德底线,犯罪性质恶劣,手段残忍,情节、后果严重,社会危害极大。人民法院依法判处并对韦明辉执行死刑,彰显了司法机关从严打击性侵害儿童犯罪、最大限度保护儿童人身安全和身心健康的决心和态度。

案例 2

张宝战猥亵儿童案

|基本案情|

被告人张宝战系天津市某区小学数学教师。自2017年至2018年10月间,张宝战多次在学校教室对被害人B某等8名女学生(时年10至11岁)采取搂抱、亲吻、抚摸嘴部、胸部、臀部及阴部等方式进行猥亵。

|裁判结果|

天津某区人民检察院以被告人张宝战犯猥亵儿童罪提起公诉。某区人民法院经审理认为,张宝战身为对未成年人负有特殊职责的教师,多次在校园内猥亵多名女童,情节恶劣,应当依法从重处罚。依照《中华人民共和国刑法》第二百三十七条之规定,以猥亵儿童罪判处被告人张宝战有期徒刑十一年六个月。

宣判后,在法定期限内没有上诉、抗诉,判决已发生法律效力。

|典型意义|

本案系一起校园猥亵儿童的典型案件。被告人张宝战身为人民教师,竟背弃教师职责,长期在学校教室对多名年幼学生进行猥亵,不仅触犯了国法,更是严重违背伦理道德底线,严重侵害学生身心健康,犯罪性质、情节恶劣,社会影响极坏,故人民法院对其依法从重处罚。但是,被告人在长达一年多时间内在学校教室猥亵多名女学生，却未被及时发现、举报，背后的原因值得深思。由此警示，学校及有关部门应加强对教职工职业道德和操守的监管，也提醒学校及家长应当重视对儿童的性安全防范教育，减少和避免类似案件的发生。

案例 3

蒋成飞猥亵儿童案

|基本案情|

2015年5月至2016年11月间,被告人蒋成飞虚构身份,谎称代表影视公司招聘童星,在QQ聊天软件上结识31名女童(年龄在10—13岁之间),以检查身材比例和发育状况等为由,诱骗被害人在线拍摄和发送裸照;并谎称需要面试,诱骗被害人通过QQ视频聊天裸体做出淫秽动作;对部分女童还以公开裸照相威胁,逼迫对方与其继续裸聊。蒋成飞还将被害人的裸聊视频刻录留存。

|裁判结果|

江苏省南京市某区人民检察院以被告人蒋成飞犯猥亵儿童罪提起公诉。南京市某区人民法院经审理认为,蒋成飞为满足淫欲,虚构身份,采取哄骗、引诱等手段,借助网络通信手段,诱使众多女童暴露身体隐私部位或做出淫秽动作,严重侵害了儿童身心健康,其行为已构成猥亵儿童罪,且属情节恶劣,应当依法从重处罚。依照《中华人民共和国刑法》第二百三十七条之规定,以猥亵儿童罪判处被告人蒋成飞有期徒刑十一年。

宣判后,被告人蒋成飞提出上诉。南京市中级人民法院经依法审理,裁定驳回上诉,维持原判,判决已发生法律效力。

|典型意义|

构成猥亵儿童罪，既包括行为人主动对儿童实施猥亵，也包括迫使或诱骗儿童做出淫秽动作；既包括在同一物理空间内直接接触被害人身体进行猥亵，也包括通过网络在虚拟空间内对被害人实施猥亵。网络性侵害儿童犯罪是近几年出现的新型犯罪，与传统猥亵行为相比，犯罪分子利用信息不对称，以及被害人年幼、心智不成熟、缺少自我防范意识等条件，对儿童施以诱惑甚至威胁，更易达到犯罪目的；被害目标具有随机性，涉及人数多；犯罪分子所获取的淫秽视频、图片等一旦通过网络传播，危害后果具有扩散性，增加了儿童遭受二次伤害的风险。本案中，被告人蒋成飞利用社会上一些人崇拜明星、想一夜成名等心态，对30余名女童实施猥亵。本案的审理反映出，对于如何加强和改进网络信息管理，以及学校、家庭如何帮助儿童提高识别网络不良信息、增强自我保护意识和能力，从而更好地防范网络儿童性侵害已迫在眉睫。

案例 4

李堉林猥亵儿童案

|基本案情|

2018年3月,被告人李堉林(32岁)通过手机同性交友软件结识被害人C某(男,时年13岁),后李堉林通过网络聊天得知C某系未成年人、初二学生。同月17日下午,李堉林到四川省某酒店房间登记入住,并邀约C某到该房间见面与其发生了同性性行为。

|裁判结果|

四川省某县人民检察院以被告人李堉林犯猥亵儿童罪提起公诉。四川省某县人民法院经审理认为,李堉林为满足性欲,采用进行同性性行为的方式对不满十四周岁的男性儿童实施猥亵,其行为已构成猥亵儿童罪,应当依法从重处罚。依照《中华人民共和国刑法》第二百三十七条第一款、第三款的规定,以猥亵儿童罪判处被告人李堉林有期徒刑三年。

宣判后,被告人李堉林提出上诉。四川省某市中级人民法院经依法审理,裁定驳回上诉,维持原判。

|典型意义|

本案系性侵害男童的一起典型案例。儿童处于生理发育初期,人生观、价值观尚不成熟,欠缺足够的辨别是非和自我保护能力,法律对儿童群体的身心健康应给予特殊、优先保护。本案中，被告人李堉林作为成年男性，引诱男童与其发生性行为，严重伤害儿童身心健康，人民法院判决其构成猥亵儿童罪，并依法对其从重处罚，向社会公众传递出依法平等保护男童的明确导向，也希望学校和家庭对男童的性安全教育给予同等重视。

考试作弊犯罪典型案例

案例 1 章无涯、吕世龙、张夏阳等组织考试作弊案

案例 2 杜金波、马维圆组织考试作弊案

案例 3 段超、李忠诚等组织考试作弊案

案例 4 李志刚非法出售答案案

案例 5 侯庆亮、虎凯代替考试案

案例 6 王学军、翁其能等非法获取国家秘密和非法出售、提供试题、答案案

案例 1

章无涯、吕世龙、张夏阳等组织考试作弊案

在研究生招生考试中组织作弊,构成组织考试作弊罪“情节严重”

| 基本案情 |

被告人章无涯设计以无线电设备传输考试答案的方式,在2017年研究生招生考试管理类专业学位联考中组织作弊,并以承诺保过的方式发展生源。被告人吕世龙通过被告人张夏阳、被告人张宗群通过被告人李倩与章无涯建立联系,吕世龙、张夏阳、张宗群为章无涯招募考生,并从中获取收益。章无涯与张夏阳、吕世龙约定每名考生向章无涯支付2万元,考前支付1万元,通过考试后再支付1万元,组织18名考生参加考试作弊,吕世龙向张夏阳支付培训费18万元;章无涯承诺张宗群的考生通过全科考试,并可以达到国家A线,相关考生10人,每人2.6万元,每人预付款1万元,张宗群共支付章无涯预付款10万元。

章无涯购买信号发射器、信号接收器等作弊器材,张宗群、吕世龙、张夏阳将信号接收器分发给考生,并以模拟考试等方式配合章无涯组织考生试验作弊器材;章无涯让李倩找人帮忙做答案,在考场附近酒店登记房间,安装并连接笔记本电脑、手机、信号发射器等作弊器材,并指导李倩和被告人章峰通过电脑发送答案。2016年12月24日上午,章无涯、吕世龙、张夏阳、张宗群、李倩、章峰组织33名考生在2017年全国硕士研究生招生考试管理类专业学位联考综合能力考试中作弊,章无涯、李倩、章峰在不同酒店为在三个考点参与

作弊的考生发送答案。

|裁判结果|

北京市海淀区人民法院一审判决、北京市第一中级人民法院二审裁定认为:研究生招生考试社会关注度高、影响大、涉及面广,属于国家级重要考试。被告人章无涯、吕世龙、张夏阳等在研究生招生考试中,组织多名考生作弊,构成组织考试作弊罪,且属“情节严重”。被告人章无涯、吕世龙、张夏阳、张宗群在共同犯罪中起主要作用,系主犯;被告人李倩、章峰在共同犯罪中起辅助作用,系从犯。综合考虑各被告人组织考生的数量、参与犯罪的程度以及坦白、认罪悔罪等情节,分别以组织考试作弊罪判处被告人章无涯有期徒刑四年,并处罚金人民币四万元;被告人吕世龙、张夏阳有期徒刑三年,并处罚金人民币三万元;被告人张宗群有期徒刑二年十个月,并处罚金人民币三万元;被告人李倩有期徒刑一年十个月,并处罚金人民币二万元;被告人章峰有期徒刑一年八个月,并处罚金人民币一万元。

案例 2

杜金波、马维圆组织考试作弊案

在公务员录用考试中组织作弊,构成组织考试作弊罪“情节严重”

|基本案情|

被告人杜金波、马维圆预谋后,组织参加云南省 2017 年度公务员录用考试的考生作弊。杜金波向考生提供接收器、耳机等作弊器材,共收取 1.3 万元定金,口头约定考试通过后每名考生支付 6 万元至 8 万元不等的费用。马维圆向考生提供了接收器、耳机等作弊器材,共收取 0.9 万元定金,书面约定考试通过后每名考生支付 6 万元的费用。2017 年 4 月 21 日下午,杜金波、马维圆对考生进行作弊器材的测试和运用培训。次日 8 时许,杜金波、马维圆安装发射器,准备通过语音传输方式向考生提供答案,9 时许,考生携带接收器、耳机参加考试被查获。

|裁判结果|

云南省曲靖市麒麟区人民法院一审判决、曲靖市中级人民法院二审判决认为:被告人杜金波、马维圆出于牟利的目的,利用作弊器材组织多人在公务员录用考试中作弊,构成组织考试作弊罪,且属“情节严重”。在共同犯罪中,杜金波是犯意提起者、作弊器材提供者、行为指挥和实施者,起主要作用,是主犯;马维圆是行为参与者,起次要作用,是从犯。综合考虑被告人的累犯、认罪、退赃等情节,以组织考试作弊罪判处被告人杜金波有期徒刑三年六个月,并处罚金人民币二万元;被告人马维圆有期徒刑一年,并处罚金人民币一万元。

案例 3

段超、李忠诚等组织考试作弊案

在法律规定的国家考试中组织三十人次以上作弊或者违法所得三十万元以上，构成组织考试作弊罪“情节严重”

| 基本案情 |

2016 年执业药师职业资格考试前，被告人段超与被告人李忠诚共谋组织作弊，并分工合作。考试前由段超负责购买考试作弊器材（包括 TK 设备、无线耳机、无线接收器等）、考试答案，联系部分考生，发放作弊器材。段超亲自或通过李忠诚和被告人文贵洪联系了 40 多名作弊考生，预收了部分定金。李忠诚负责联系考生、发放作弊器材、为作弊考生传递答案。李忠诚共联系了 30 多名作弊考生，其中有 10 多名考生是李忠诚和段超的共有考生，共收取考生费用约 10 万元。被告人马斌帮助李忠诚架设考试作弊器材、收取作弊费用。被告人文贵洪帮助段超联系了 12 名考生，收取考生费用 40 余万元，交给段超 9 万余元。被告人杜永强、杨航帮助段超联系了 40 多名学生为作弊考生读答案，并由杜永强建立 QQ 群用于作弊。被告人刘姝帮助段超给作弊考生发放作弊器材、测试收听效果，收取考生作弊费用 1.8 万元。被告人万俊提供账户给段超用于收取部分考生作弊费用，至案发共收到 32 万余元。

2016 年 10 月 15、16 日，在执业药师职业资格考试时，段超将获得的答案发到杜永强建的 QQ 群，并安排李忠诚、马斌在考场附近架设作弊的 TK 设备，由李忠诚读答案通过作弊器材将答案传送给考场内的考生，马斌负责望风。

此外,杜永强、杨航联系的学生通过手机一对一给在其他多个考场内的考生读答案。

|裁判结果|

四川省资阳市雁江区人民法院一审判决、资阳市中级人民法院二审判决认为:被告人段超、李忠诚在法律规定的国家考试中组织作弊,被告人马斌、文贵洪、杜永强、杨航、万俊、刘姝为段超、李忠诚组织考试作弊提供帮助,其行为均已构成组织考试作弊罪,考虑本案的组织人次、违法所得数额等情节,应当认定为“情节严重”。在共同犯罪中,段超、李忠诚起主要作用,是主犯;马斌、文贵洪、杜永强、杨航、万俊、刘姝起次要作用,是从犯。综合考虑被告人坦白等情节,以组织考试作弊罪判处被告人段超有期徒刑三年六个月,并处罚金人民币二万元;被告人李忠诚有期徒刑三年三个月,并处罚金人民币二万元;其他各被告人有期徒刑三年至六个月不等,依法宣告缓刑,并处罚金人民币一万元至五千元不等。

案例 4

李志刚非法出售答案案

非法出售法律规定的国家考试的答案，构成非法出售答案罪

| 基本案情 |

被告人李志刚联系考生推销作弊手段，并通过网络购买2016年医师资格考试答案。李志刚与考生彭某签订协议，约定帮助彭某利用作弊的方式通过考试后，由彭某支付其4万元报酬，并先行收取0.4万元。2016年9月24日10时许，李志刚获取通过网络购买的考试答案后，利用无线电设备向参加医师资格考试的考生彭某发送考试答案，并通过手机微信向有购买意向的20名考生发送考试答案，被当场抓获。经比对，李志刚提供给考生用于作弊的考试答案正确率分别为75%和71.9%。

| 裁判结果 |

安徽省滁州市琅琊区人民法院判决认为：被告人李志刚为实施考试作弊行为，向他人非法出售执业医师资格考试的答案，属于非法出售法律规定的国家考试的答案，构成非法出售答案罪。综合考虑案件情况和坦白、退赃等情节，以非法出售答案罪判处被告人李志刚有期徒刑九个月，并处罚金人民币一万元。该判决已发生法律效力。

案例 5

侯庆亮、虎凯代替考试案

代替他人和让他人代替自己参加研究生招生考试,均构成代替考试罪

|基本案情|

2015 年 10 月间,被告人虎凯通过他人联系被告人侯庆亮,让其代替自己参加 2016 年全国硕士研究生招生考试。2015 年 12 月 26 日上午,侯庆亮代替虎凯参加上述考试中的管理类联考综合能力科目时,被监考人员当场发现。虎凯主动向公安机关投案,并如实供述犯罪事实。

|裁判结果|

北京市海淀区人民法院判决认为:被告人虎凯让被告人侯庆亮代替自己参加研究生招生考试,二被告人的行为均已构成代替考试罪。侯庆亮具有如实供述自己罪行的从轻情节,虎凯具有自首的从轻情节,予以从轻处罚。综合考虑案件具体情况,以代替考试罪分别判处被告人侯庆亮拘役一个月,罚金人民币一万元;被告人虎凯拘役一个月,罚金人民币八千元。该判决已发生法律效力。

案例 6

王学军、翁其能等非法获取国家秘密和非法出售、提供试题、答案案

非法获取属于国家秘密的试题、答案，而后向他人非法出售、提供试题、答案，应当数罪并罚

| 基本案情 |

被告人王学军系某大学教授，自 2004 年起参加一级建造师执业资格考试的命题工作。2017 年 7 月，翁其能提出、授意王学军利用参加命题便利，获取非其出题的市政专业的试题、答案，由其在培训机构中讲课使用，并约定四六分成。同月 8 日至 16 日，王学军利用参加命题的便利，在命题现场通过浏览打字员电脑中市政等专业的考卷的方式，对关键词、知识点等进行记忆，于休息时间通过回忆，结合自己的专业知识和出题经验，将所获取的市政等专业的考卷内容整理在随身携带的笔记本电脑上，后在教材上对照电脑中整理的内容进行勾画、标注。翁其能在王学军住处，在自带教材上进行对照勾画、标注和补充。事后王学军从翁其能处获取 120 万元。

翁其能非法获取信息后，先后联系被告人许智勇、杨伟全、刘伟，商定采用以封闭式小班培训的手段，通过麦克风传话不见面的授课方式，对市政等专业的考生学员进行培训，并收取每名学员数万元以上高额费用。被告人翁学荣参与培训活动，并替翁其能收取报酬。2017 年 9 月，参加培训的被告人王辉意识到该培训班上讲课的内容可能系考题、答案，以照片形式，通过微信发给

被告人洪奕轩。洪奕轩将该资料发给被告人洪浩并收取6000元,洪浩以1万元出售给被告人刘向阳,刘向阳为分摊购买费用,向被告人江莉等人提供、出售,获利1450元。在上述流程中,上下线均要求保密、不得外泄。江莉等人将该加工过的资料以1200元的价格出售给他人,宣称"考前绝密""不过退款"。经有关部门认定,上述内容与考试真题高度重合。

|裁判结果|

江苏省南通市如东县人民法院判决认为:被告人王学军作为命题组成员,受被告人翁其能的授意,非法获取属于国家秘密的试题、答案,并提供给翁其能在对外培训中使用获利。被告人王学军、翁其能构成非法获取国家秘密罪和非法出售、提供试题、答案罪,数罪并罚,对王学军决定执行有期徒刑五年六个月,并处罚金人民币一百五十万元,对翁其能决定执行有期徒刑五年三个月,并处罚金人民币一百二十万元。被告人翁学荣、许智勇等八人构成非法出售、提供试题、答案罪,综合考虑案件情况,分别判处有期徒刑三年三个月到八个月不等,并处罚金,对被告人刘伟、王辉、洪奕轩、洪浩、刘向阳、江莉依法宣告缓刑。同时,对被告人王学军、翁其能、许智勇、杨伟全依法宣告职业禁止,对被告人刘伟、刘向阳、江莉依法宣告禁止令。该判决已发生法律效力。

2018 年全国海事审判典型案例

案例 1 三井住友海上火灾保险株式会社（Mitsui Sumitomo Insurance Company Limited）诉中远海运集装箱运输有限公司国际多式联运合同纠纷案

案例 2 中国银行股份有限公司日照岚山支行与天津西南海运有限公司等海上货物运输合同纠纷案

案例 3 曲某某诉中国大地财产保险股份有限公司威海中心支公司、中国大地财产保险股份有限公司石岛支公司海上保险合同纠纷案

案例 4 中燃航运（大连）有限责任公司申请设立海事赔偿责任限制基金案

案例 5 韩某某申请设立海事赔偿责任限制基金案

案例 6 中国人民财产保险股份有限公司上海市分公司诉江苏华隆海运有限公司、宋某某通海水域货物运输合同纠纷案

案例 7 江门市浩银贸易有限公司与联泰物流（Union Logistics，Inc.）海上货物运输合同纠纷案

案例 8 陈某某与中国人民财产保险股份有限公司高淳支公司等通海水域保险合同纠纷案

案例 9 中国平安财产保险股份有限公司上海分公司与中国太平洋财产保险股份有限公司镇江中心支公司等案外人执行异议之诉案

案例 10 申请执行人福安市海洋与渔业局与被执行人陈忠义等海事行政非诉执行案

案例 1

三井住友海上火灾保险株式会社(Mitsui Sumitomo Insurance Company Limited)诉中远海运集装箱运输有限公司国际多式联运合同纠纷案

| 基本案情 |

2015 年 3 月,案外人 SONY EMCS(MALAYSIA)SDN BHD 公司(以下简称索尼公司)委托中远海运集装箱运输有限公司(以下简称中远海运公司)运输一批液晶显示面板,先经海运自马来西亚巴生港至希腊比雷埃夫斯港,再经铁路至斯洛伐克尼特拉。中远海运公司签发了 4 套不可转让已装船清洁联运海运单。货物在位于希腊境内的铁路运输区段因火车脱轨而遭受货损。三井住友海上火灾保险株式会社(以下简称三井保险公司)作为涉案货物保险人,在对索尼公司进行理赔取得代位求偿权后,向中远海运公司提出追偿。中远海运公司抗辩称,火车脱轨的原因是事故时段当地持续暴雨,引起地质塌陷,承运人可以免责;即使不能免责,其可依法享受承运人单位赔偿责任限制。

| 裁判结果 |

上海海事法院一审认为,三井保险公司注册成立于日本、运输目的地为斯洛伐克,事故发生地位于希腊,案件争议属于涉外民事法律关系下的纠纷,当事人可以选择解决纠纷适用的法律。庭审中,双方当事人达成一致,对于涉案货物铁路运输区段的责任认定、责任承担方式等选择适用希腊法律，其余争议问题选择适用中华人民共和国法律，法院对此选择予以尊重。

希腊是《国际铁路运输公约》(Convention concerning International Carriage by Rail)的成员国，《国际铁路货物运输合同统一规则》(Uniform Rules Concerning the Contract of International Carriage of Goods by Rail)是《国际铁路运输公约》的附件 B。希腊在批准加入该公约时未作任何保留声明，公约在希腊优先于其国内法适用。根据《国际铁路运输公约》第 23.2 条，若货物的灭失、损坏或迟延交付是由于承运人无法避免并且无法阻止其发生的原因所造成的，承运人无须承担赔偿责任。本案事故发生前虽有持续降雨，但比较事故地区历史降水数据，事故月份降水量仅处于历史中等偏上水平，并未出现明显异常。然而，本次列车脱轨并非遭受雨水直接冲击所致，而是事故区域常年频繁降雨侵蚀土壤后产生的地质作用引起地层塌陷的结果，是一个由量变到质变的过程，具体何时发生非人力所能预见和控制。铁路养护是否得当或可延缓此种地质变化的进程，但并无证据表明可以准确预计、控制和绝对避免。因此，中远海运公司可以援引《国际铁路运输公约》第 23.2 条的规定，对货损不负赔偿责任。三井保险公司不服一审判决，向上海市高级人民法院提起上诉。二审期间，三井保险公司撤回上诉。

| 典型意义 |

本案是一起含海运在内的国际多式联运合同纠纷。海运始于马来西亚，中途经希腊转铁路，目的地为斯洛伐克，是一条典型的通过“21 世纪海上丝绸之路”，经由地中海转铁路将货物运送至中欧内陆国家的海铁联运。随着“一带一路”国家和地区间贸易往来的日益密切，国际贸易对多式联运的需求也呈现快速增长趋势。在跨越多国、涉及多种运输方式的国际多式联运合同纠纷中，对“网状责任制”与确定运输区段准据法之间的关系，存在认识不统一的情况。本案中法院坚持意思自治原则，充分尊重当事人的选择，铁路运输区段适用希腊法律，其余争议问题适用中华人民共和国法律，并根据希腊法下的法律渊源适用《国际铁路运输公约》《国际铁路货物运输合同统一规则》相关规定。此外,“一带一路”沿线国家和地区的自然气候状况、地理水文条件差别很大,基础设施的建设和养护水平也参差不齐,货运事故的发生又往往出现多种因素相互交织、并存的复杂局面,本案在评判风险责任承担时,较好地运用了原因力分析的方法,论证充分,说理透彻,为类似纠纷的处理提供了借鉴思路。

【一审案号】(2016)沪72民初288号

【二审案号】(2018)沪民终140号

案例 2

中国银行股份有限公司日照岚山支行与天津西南海运有限公司等海上货物运输合同纠纷案

| 基本案情 |

中国银行股份有限公司日照岚山支行（以下简称岚山中行）根据授信长期为日照广信化工科技有限公司（以下简称广信公司）购买生产原料开立信用证，本案涉及岚山中行开立的 3 份 90 天远期不可撤销信用证，受益人均为发货人 Marubeni Corporation（以下简称丸红公司）。鹰社海运公司代表承运人天津西南海运有限公司（以下简称西南公司）向丸红公司签发 3 套指示提单，均记载托运人为丸红公司，装货港韩国蔚山，卸货港中国连云港，货物品名聚合级丙烯，船名"HONG YU"轮。涉案货物于 2017 年 3 月 27 日运抵连云港，西南公司根据丸红公司出具的保函将货物存入广信公司指定的岸罐并由广信公司提取。岚山中行根据信用证贸易单证流程于 4 月 14 日取得涉案三套提单，三个月后因广信公司无力全额付款赎单，岚山中行垫付 2033796.85 美元。岚山中行后收回 488086.33 美元。为维护自身合法权益，岚山中行申请法院诉前扣押"HONG YU"轮，并依据所持有的涉案提单向西南公司主张无单放货，要求赔偿信用证项下实际垫付的款项及利息。西南公司抗辩称岚山中行明知依惯例广信公司必须无单提货，融资银行并非通常意义上的提单持有人，其所遭受的损失与无单放货行为之间无因果关系，西南公司不应承担赔偿责任。

|裁判结果|

宁波海事法院一审认为,岚山中行享有且未放弃海商法第七十一条规定的提单持有人权利,可以根据提单法律关系向承运人索赔,扣除岚山中行已收回的 488086.33 美元款项后,判决西南公司赔偿岚山中行经济损失 1545710.52 美元。西南公司不服一审判决,提起上诉。

浙江省高级人民法院二审认为,《最高人民法院关于审理无正本提单交付货物案件适用法律若干问题的规定》第二条并未将跟单信用证的开证行、具有商业利益的合作方等其他经合法流转持有正本提单的主体排除在外,岚山中行主张的垫付款项的实际损失金额未超出提单项下货物装船时的价值以及法律规定的无单放货的赔偿范围,判决驳回上诉,维持原判。

|典型意义|

本案是一起涉及信用证贸易融资因素的海上货物运输合同纠纷,具有三个方面的典型意义:一是从文义、目的解释角度对涉及提单持有人定义、承运人无单放货赔偿责任的法律、司法解释规定进行解读,确认信用证开证行可以享有正本提单人的法律地位和索赔权利。二是在认定无单放货导致损失上有所创新。海商法第五十五条仅规定了货物灭失赔偿额的上限和一般计算方法,银行在该规定限额以下主张实际垫付款损失,符合损失填补原则。三是对规范海上货物运输秩序具有积极意义。随着银行为企业提供贸易融资服务方式的变化,银行通过对提单的占有来维护自身的合法权益,符合商业需要,承运人对无单放货仍然应当承担赔偿责任。

【一审案号】(2017)浙 72 民初 1601 号

【二审案号】(2018)浙民终 624 号

案例 3

曲某某诉中国大地财产保险股份有限公司威海中心支公司、中国大地财产保险股份有限公司石岛支公司海上保险合同纠纷案

| 基本案情 |

2011年5月25日,曲某某与中国大地财产保险股份有限公司石岛支公司(以下简称大地保险石岛支公司)就"鲁荣渔1813""鲁荣渔1814"船订立两份保险合同。两份合同均约定险别为《中国大地财产保险股份有限责任公司远洋渔船保险条款》综合险,渔船保险价值428.57万元,保险金额300万元。涉案保险条款第二条(责任范围)载明:该保险分全损险和综合险,其中综合险承保以下3项原因造成被保险渔船的全部或部分损失以及该3项原因所引起的救助费用等6项责任和费用:1. 暴风雨、台风、雷电、流冰、地震、海啸、洪水、火山爆发、搁浅、触礁、沉没、碰撞、失火、锅炉或其他设备爆炸、油管破裂等自然灾害和意外事故;2. 船壳和机器的潜在缺陷;3. 船长、大副、船员、引水员或修船人员的疏忽。涉案保险条款第三条(除外责任)载明:保险人对所列8项损失、费用和责任不负责赔偿,其中第1项、第2项分别为:由于被保险渔船不具备适航条件所造成的损失;由于船东及其代表的疏忽,船东及其代表和船长的故意行为造成的损失。大地保险石岛支公司未提供证据证明其在订立保险合同时向曲某某明确说明保险条款中除外责任条款和保险单上的特别约定。两艘渔船于2011年6月1日后在山东省荣成市烟墩角北港渔码头进行

维修保养。2011年6月25日,曲某某为避台风同部分船员试图单靠“鲁荣渔1814”船动力将两船(“鲁荣渔1813”主机已吊出船舱维修)驾驶至南码头,后在途中因舵机失灵,在台风大浪作用下,两船搁浅导致报废。

|裁判结果|

青岛海事法院一审认为,涉案船舶在避台风过程中全损,该原因属于保险合同约定的保险赔偿范围,判决大地保险石岛支公司给付曲某某保险赔偿款600万元及利息;中国大地财产保险股份有限公司威海中心支公司(以下简称大地保险威海支公司)对赔偿款承担补充给付责任。曲某某、大地保险威海支公司、大地保险石岛支公司均不服一审判决,提出上诉。

山东省高级人民法院二审认为,本案所涉事故,先有船舶所有人的疏忽,后有台风的影响,缺乏任何一个原因,事故均不会发生,直接、有效、起决定作用的原因难以确定,故大地保险威海支公司、大地保险石岛支公司应按照50%的比例,向曲某某支付保险金。二审判决大地保险石岛支公司给付曲某某保险赔偿款300万元及利息,大地保险威海支公司承担补充给付责任。曲某某不服二审判决,向最高人民法院申请再审。

最高人民法院再审认为,涉案事故系由台风、船东的疏忽、船长和船员的疏忽三个原因共同造成,其中台风是主要原因。涉案保险条款已明确约定船东疏忽不属其列明的承保范围。由于保险人未根据保险法第十七条第二款规定就免除保险人责任条款向曲某某明确说明,案涉除外责任条款不生效。案涉船舶在港内移泊不属于海商法第二百四十四条第一款第一项规定的“船舶开航”,大地保险石岛支公司根据该条规定主张免除保险赔偿责任缺乏事实依据。在造成涉案事故的三个原因中,台风与船长船员的疏忽属于承保风险,而船东的疏忽为非承保风险。在保险事故系由承保风险和非承保风险共同作用而发生的情况下,根据各项风险(原因)对事故发生的影响程度,法院酌定大地保险石岛支公司对涉案事故承担75%的保险赔偿责任。最高人民法院再审判决大地保险石岛支公司给付曲某某保险赔偿款450万元及其利息,大地保险威海支公司承担补充给付责任。

|典型意义|

本案是一起典型的船舶保险合同纠纷案。该案再审判决在审理思路与实体规则适用方面均发挥了指导作用,主要体现在以下几个方面:一是保险赔偿责任的认定涉及的基本问题包括合同总体上的效力、事故原因、保险承保范围、除外责任、因果关系构成等,该案再审判决明确了有关基本问题的论证层次。二是关于多因一果的损害赔偿的处理,我国法律并没有规定保险赔偿的"近因原则",从《最高人民法院关于适用〈中华人民共和国保险法〉若干问题的解释(三)》第二十五条规定人身保险中按相应比例确定赔付的原则看,我国保险司法实践正在倾向采纳国际上逐步发展的比例因果关系理论,该案再审判决遵循了这一司法动向。三是该案再审判决明确了海商法第二百四十四条中"开航"的含义。

【一审案号】(2016)青海法商初字第 240 号

【二审案号】(2016)鲁民终 1542 号

【再审案号】(2017)最高法民再 413 号

案例 4

中燃航运(大连)有限责任公司申请设立海事赔偿责任限制基金案

|基本案情|

2017年3月9日,中燃航运(大连)有限责任公司(以下简称中燃公司)所有的中国籍"中燃39"轮与朝鲜籍"昆山"轮(M.V KUM SAN)在中国连云港海域发生碰撞造成损失。"中燃39"轮为沿海运输船舶,总吨2548吨,中燃公司就船舶碰撞引起的可以限制赔偿责任的非人身伤亡海事赔偿请求,向大连海事法院申请设立海事赔偿责任限制基金,基金数额按照《关于不满300总吨及沿海运输、沿海作业船舶海事赔偿责任限额的规定》(以下简称《责任限额规定》),为254508特别提款权所换算的人民币数额及其利息。"昆山"轮所有人朝鲜金山船务公司没有向法院申请设立海事赔偿责任限制基金,其与"昆山"轮所载货物的收货人大连欧亚贸易有限公司就设立基金提出异议,认为应当按照海商法第二百一十条的规定确定基金数额。

|裁判结果|

大连海事法院认为,"中燃39"轮总吨2548吨,从事中国港口之间的运输,依照海商法第二百一十条第二款关于"总吨位不满300吨的船舶,从事中华人民共和国港口之间的运输的船舶,以及从事沿海作业的船舶,其赔偿限额由国务院交通主管部门制定,报国务院批准后施行"的规定,"中燃39"轮的赔偿限额应适用《责任限额规定》。但根据该规定第五条,同一事故中当事船舶的海事赔偿限额,有适用海商法第二百一十条或者本规定第三条规定的,其他当事船舶的海事赔偿限额应当同样适用。与“中燃 39”轮发生碰撞的“昆山”轮所有人虽然没有向法院申请设立海事赔偿责任限制基金,但该轮总吨 5852 吨,从事国际运输,其海事赔偿限额应当适用海商法第二百一十条的规定,故“中燃 39”轮作为同一事故的其他当事船舶,海事赔偿限额也应当同样适用海商法第二百一十条的规定。综上,法院裁定准许中燃公司设立海事赔偿责任限制基金,基金数额为非人身伤亡赔偿限额 509016 特别提款权所换算的人民币数额及其利息。一审裁定现已生效。

|典型意义|

依照国务院批准施行的《责任限额规定》,不满 300 总吨及沿海运输、沿海作业船舶的海事赔偿限额,为从事国际运输及作业船舶海事赔偿限额的 50%,但也存在例外情形,即同一事故中的当事船舶应适用同一海事赔偿限额的规定,且以较高的限额规定为准。中燃公司主张,只有在同一事故中的当事船舶权利人均主张享受海事赔偿责任限制或均申请设立海事赔偿责任限制基金时,才能适用上述“同一事故中的当事船舶适用同一规定”的规则。由于“昆山”轮所有人没有向法院申请设立海事赔偿责任限制基金,故本案不适用上述规则。法院认为,同一事故中当事船舶的海事赔偿限额有应当适用海商法第二百一十条规定情形的,其他当事船舶的海事赔偿限额也同样适用海商法第二百一十条的规定,而不考虑权利人是否实际申请设立海事赔偿责任限制基金。法院正确解读“同一事故中当事船舶适用同一规定”的规则,平等保护了中外当事人的合法权益,充分体现了中国法院公正审理涉外海事案件的态度。

【案号】(2017)辽 72 民特 104 号

案例 5

韩某某申请设立海事赔偿责任限制基金案

| 基本案情 |

“湘张家界货3003”轮所有人为韩某某,总吨2071吨,该轮持有长江中下游及其支流省际普通货船运输许可证、内河船舶适航证书,准予航行A级航区,作自卸砂船用。2016年5月9日,“湘张家界货3003”轮在闽江口D9浮返航进港途中,与“恩基1”轮发生碰撞,造成“恩基1”轮及船载货物受损。韩某某向法院申请设立海事赔偿责任限制基金。

| 裁判结果 |

厦门海事法院一审认为,韩某某系“湘张家界货3003”轮的登记所有人,该轮虽为内河船舶,但根据其提供的《内河船舶适航证书》,该轮航行区域为长江中下游及其支流省际内河航线,而且发生涉案事故时,正航行于闽江口,属于国务院批准施行的《关于不满300总吨及沿海运输、沿海作业船舶海事赔偿责任限额的规定》(以下简称《责任限额规定》)第四条规定的“300总吨以上从事中华人民共和国港口之间货物运输或者沿海作业的船舶”。一审裁定准许韩某某提出的设立海事赔偿责任限制基金的申请。相关利害关系人不服一审裁定,提起上诉。

福建省高级人民法院二审认为,涉案船舶“湘张家界货3003”轮虽为内河船舶，但其在沿海海域从事航行作业属于《责任限额规定》第四条所规定的从事沿海作业的船舶，依法可以申请设立海事赔偿责任限制基金。二审裁定驳回上诉，维持一审裁定。相关利害关系人不服二审裁定，提起再审。

最高人民法院再审认为，“湘张家界货3003”轮持有长江中下游及其支流省际普通货船运输许可证、内河船舶适航证书，准予航行A级航区，为内河船舶。涉案船舶碰撞事故发生在福建闽江口，并非“湘张家界货3003”轮准予航行的航区。“湘张家界货3003”轮的船舶性质及准予航行航区不因该船实际航行区域而改变。“湘张家界货3003”轮作为内河船舶，不属于《责任限额规定》适用的船舶范围。再审撤销一、二审裁定，驳回韩某某设立海事赔偿责任限制基金的申请。

典型意义

海商法第三条规定的船舶仅限于海船，关于内河船舶在海上航行是否适用海事赔偿责任限制制度，司法实践中存在争议。国务院批准施行的《责任限额规定》源于海商法第二百一十条的授权，其规定的“从事中华人民共和国港口之间货物运输或者沿海作业的船舶”仍应限定为海船。受利益驱动，近年来内河船舶非法从事海上运输的问题非常突出，严重威胁着人员、财产和环境的安全。最高人民法院在该案中进一步明确，内河船舶性质及准予航行航区不因该船实际航行区域而改变，对于规范航运秩序、统一类似案件裁判尺度具有积极意义。

【一审案号】(2016)闽72民特90号

【二审案号】(2016)闽民终1587号

【再审案号】(2018)最高法民再453号

案例 6

中国人民财产保险股份有限公司上海市分公司诉江苏华隆海运有限公司、宋某某通海水域货物运输合同纠纷案

|基本案情|

2017 年 5 月 27 日,广州市海大饲料有限公司(以下简称海大公司)向案外人订购东北产玉米,拟运到湖南省进行销售。同年 7 月 26 日,海大公司委托江苏华隆海运有限公司(以下简称华隆公司)负责将案涉玉米由靖江码头分别运往湖南长沙、岳阳和汨罗。7 月 28 日,华隆公司与宋某某所属"远东 98"轮代表宋某(宋某某的女儿)约定由该轮将货物从靖江运至岳阳。8 月 3 日,华隆公司与宋某共同签名签发相关货票(运单),载明托运人和收货人均为海大公司。该货票注明:本运单经承托双方签认后,具有合同效力,承运人与托运人、收货人之间的权利、义务关系和责任界限均按《水路货物运输规则》(以下简称《货规》)及运杂费用的有关规定办理。货物在起运港装船后准备盖帆布时突降暴雨,导致船头和货舱两侧玉米发霉。中国人民财产保险股份有限公司上海市分公司(以下简称人保上海分公司)作为货物保险人向海大公司赔付后取得代位追偿权,要求华隆公司与宋某某承担连带责任。

|裁判结果|

武汉海事法院一审认为,运单是托运人与承运人形成运输合同关系的表

现形式。本案运单载明的托运人为海大公司，承运船舶为宋某某所属和经营的“远东 98”轮，华隆公司与宋某某均在运单上盖章或者代表人签名。涉案运单上注明了关于托运人、承运人的权利、义务适用《货规》的相关规定，故《货规》的相关内容可视为华隆公司、宋某某与海大公司之间的运输合同关系的权利义务条款。华隆公司是合同承运人。宋某某答辩时对承担涉案货物运输事实并无异议，故宋某某实际承担了涉案货物运输义务，是本案实际承运人。一审判决华隆公司与宋某某对人保上海分公司承担连带赔偿责任。当事人不服一审判决提起上诉，湖北省高级人民法院维持一审判决。

| 典型意义 |

人民法院为减少当事人讼累，参照原交通部制定的《货规》，判决承运人与实际承运人承担连带责任，是我国海事司法实践长期形成的裁判规则。2016 年交通运输部宣布废止《货规》后，能否继续适用实际承运人制度，承运人与实际承运人是否承担连带责任，存在较大争议，导致司法裁判尺度不统一。本案中法院根据各方当事人约定，适用《货规》中承运人与实际承运人连带责任制度，有利于维护当事人的合法权益，有利于保持法律适用的稳定性，对于弥补现行法律漏洞具有积极意义。

【一审案号】(2018)鄂 72 民初 1177 号

【二审案号】(2018)鄂民终 1376 号

案例 7

江门市浩银贸易有限公司与联泰物流(Union Logistics,Inc.)海上货物运输合同纠纷案

|基本案情|

2014 年 9 月至 10 月间,江门市浩银贸易有限公司(以下简称浩银公司)向阿多恩时装有限公司(以下简称阿多恩公司)出售一批女裤。按照阿多恩公司的指示,浩银公司委托联泰物流(Union Logistics,Inc.)将涉案货物自广东省深圳市盐田港运至美国加利福尼亚长滩港。联泰物流安排运输后,授权其代理人广州升扬国际货运代理有限公司(以下简称升扬公司)向浩银公司签发了全套正本提单,载明托运人为浩银公司,承运人为联泰物流。2014 年 12 月 26 日,涉案货物装船起运。2015 年 1 月 16 日,涉案货物由联泰物流在目的港美国长滩交付于阿多恩公司。而浩银公司仍持有全套正本提单。2015 年 10 月 21 日,浩银公司以升扬公司为被告提起诉讼,广州海事法院审理后认为,升扬公司为联泰物流的签单代理人,并非涉案运输承运人,遂判决驳回浩银公司的诉讼请求。2016 年 2 月 24 日,浩银公司以联泰物流为被告提起诉讼,请求联泰物流赔偿其遭受的货物损失及利息。经公约送达,联泰物流到庭应诉,对无正本提单交付货物事实予以确认,但辩称浩银公司对其的起诉已超过海商法规定的一年诉讼时效,且本案不存在诉讼时效中止、中断的法定情形,请求法院依法驳回浩银公司诉讼请求。

| 裁判结果 |

广州海事法院认为，本案诉讼时效中断应适用海商法第二百六十七条的规定。该条规定“提起诉讼”可中断诉讼时效，但并未明确规定“提起诉讼”涵盖的具体情形，应适用其他法律、法规或司法解释的规定进行界定。根据《最高人民法院关于审理民事案件适用诉讼时效制度若干问题的规定》第十三条以及《最高人民法院关于贯彻执行〈中华人民共和国民法通则〉若干问题的意见（试行）》第 173 条第 2 款“权利人向债务保证人、债务人的代理人或者财产代管人主张权利的，可以认定诉讼时效中断”的规定，浩银公司于 2015 年 10 月 21 日以升扬公司为被告提起诉讼的行为可以认定为与提起诉讼具有同等诉讼时效中断效力的事项，该行为应被视为海商法第二百六十七条第一款规定的“提起诉讼”，即本案诉讼时效期间于 2015 年 10 月 21 日构成中断并重新开始计算。浩银公司于 2016 年 2 月 24 日提起诉讼，并未超过法定诉讼时效期间。联泰物流作为承运人，无正本提单交付货物，违反承运人法定义务，构成违约。该违约行为致使浩银公司丧失货物控制权，无法收回货款，联泰物流应赔偿损失。一审判决后，双方当事人均未上诉。

| 典型意义 |

我国海商法作为民法的特别法，规定了有别于一般民事法律的特殊诉讼时效制度。在涉及海商法调整的权利义务关系时，应优先适用海商法的相关规定。在海商法没有明确规定时，应适用民法通则等一般民事法律规定。海商法第二百六十七条第一款虽然规定了请求人提起诉讼方能中断诉讼时效，但该法并未明确规定“提起诉讼”的具体情形，此时应适用民法通则等法律及相关司法解释予以界定。此案对于处理海商法与一般民事法律诉讼时效制度的关系具有参考价值。

【案号】（2016）粤 72 民初 311 号

案例 8

陈某某与中国人民财产保险股份有限公司高淳支公司等通海水域保险合同纠纷案

|基本案情|

自2014年起,陈某某为其所有的"宁高鹏3368"轮连续四年向中国人民财产保险股份有限公司高淳支公司(以下简称人保高淳支公司)投保沿海内河船舶一切险,中国人民财产保险股份有限公司南京分公司(以下简称人保南京分公司)根据陈某某的投保签发保险单,收取保险费并开具保险费发票。其中2015年的保险单载明被保险人为陈某某,投保险别为沿海内河船舶一切险。保险条件及特别约定部分第九条载明:附加船东对船员责任险,投保三人,每人保额10万元,并列明了三名船员的姓名和公民身份证号码。第十条载明:除以上特别约定外,其他条件严格按照《中国人民财产保险股份有限公司沿海内河船舶保险条款(2009版)》执行。该保险条款第三条第一款规定,由于船舶不适航、不适拖(包括船舶技术状态、配员、装载等,拖船的拖带行为引起的被拖船舶的损失、责任和费用,非拖轮的拖带行为所引起的一切损失、责任和费用)所造成的损失、责任及费用,保险人不负责赔偿。2016年3月13日,"宁高鹏3368"轮在运输过程中,触碰位于长江中的中海油岳阳油库码头,造成趸船及钢引桥移位。事发时在船船员三人,均无适任证书。岳阳海事局认定该轮当班驾驶员未持有《内河船舶船员适任证书》,违规驾驶船舶,操作不当是造成事故的直接原因,该轮对上述事故负全部责任。陈某某就事故损失向人保高淳支公司提出保险理赔。人保南京分公司认为,船员操作不当是导致发生触碰的直接原因，且船员没有适任证书、船舶未达最低配员，船舶不适航属于除外责任，故有权拒绝赔偿。陈某某遂起诉人保南京分公司、人保高淳支公司及中国人民财产保险股份有限公司。

| 裁判结果 |

天津海事法院一审认为，在航运实践中，船员取得适任证书是预防船舶驾驶操作不当、确保船舶安全的重要举措。根据海事行政部门的认定，船员操作不当是造成事故的直接原因。当班船员未持有《内河船舶船员适任证书》违规驾驶船舶是诱使该行为最主要的实质上的原因，故应认定当班驾驶员未持有《内河船舶船员适任证书》违规驾驶船舶对事故发生具有直接的因果关系，涉案船舶未配备适任船员，构成船舶不适航。根据《中国人民财产保险股份有限公司沿海内河船舶保险条款(2009 版)》第三条第一款，因船舶不适航造成的损失，保险人不负赔偿责任。故一审法院判决驳回陈某某的诉讼请求。当事人不服一审判决提起上诉，天津市高级人民法院维持一审判决。

| 典型意义 |

长期以来，很多从事内河货物运输的企业、个人为降低经营成本，雇佣不持有适任证书的船员或不按最低配员标准配备船员，给内河航行安全造成了严重隐患，损害了内河航运经济健康有序的发展。2016 年，最高人民法院出台《关于为长江经济带发展提供司法服务和保障的意见》，提出要引导各类市场主体展开有序良性竞争，指引港口、航运、造船企业切实增强安全意识、质量意识，为平安黄金水道建设提供有力司法支撑。在该案审理中，人民法院依法认定涉案船舶未配备持有适任证书的船员属于船舶不适航，在船舶不适航与保险事故有因果关系的情况下，依照保险条款免除保险人的赔偿责任。该案对于强化内河航行安全意识，促进内河航运经济高质量发展具有积极意义。

【一审案号】(2018)津 72 民初 53 号

【二审案号】(2018)津民终 392 号

案例 9

中国平安财产保险股份有限公司上海分公司与中国太平洋财产保险股份有限公司镇江中心支公司等案外人执行异议之诉案

|基本案情|

中国平安财产保险股份有限公司上海分公司(以下简称平安上海分公司)为无船承运业务经营人上海旺嘉国际货运代理有限公司(以下简称旺嘉公司)签发限额为80万元的无船承运保证金责任保险单,保险条款约定:"在保险期间或保险合同载明的追溯期内,被保险人在从事无船承运业务经营过程中,由于不履行承运人义务或者履行义务不当造成委托人的损失,经司法机关判决或司法机关裁定执行的仲裁机构裁决应由被保险人承担经济赔偿责任,并在保险期间内要求协助执行的,保险人负责赔偿。"旺嘉公司在保险期间内经营无船承运业务过程中发生货损,中国太平洋财产保险股份有限公司镇江中心支公司(以下简称太平洋镇江支公司)在向托运人赔付货物损失后,向旺嘉公司等提出索赔。上海海事法院于保险期间内作出一审判决。太平洋镇江支公司不服一审判决,提起上诉。上海市高级人民法院作出终审判决,判令旺嘉公司赔偿货物损失130余万元,但此时已经超出保险期间。在该案执行过程中,人民法院向平安上海分公司发出执行通知,要求将旺嘉公司的无船承运业务经营者保证金责任限额80万元划至法院账户。平安上海分公司提出执行异议，并在异议被驳回后提起执行异议之诉，认为该案终审判决作出的时间及当事人申请执行的时间均已经超出了保险期间，根据保险条款的约定其不应进行赔偿，故诉请确认其无须协助法院执行和支付保险赔款。

| 裁判结果 |

上海海事法院一审认为，涉案保险合同条款系平安上海分公司为了重复使用而预先拟定的合同条款，属于格式条款。平安上海分公司与旺嘉公司通过磋商订立合同，除遵循意思自治原则外，还应遵循公平原则确定双方的权利和义务。涉案合同条款中限制索赔权利人的内容，由于合同订立之时索赔权利人尚为潜在不特定对象，不具备磋商条件，应对相关条款的合理性提出更高要求，并要求合同订立人以诚实守信的原则拟定合同条款。涉案保险条款要求索赔权利人必须在保险期间内取得生效裁判并申请执行，系采取不合理方式免除保险人主要责任、加重索赔权利人责任、排除索赔权利人主要权利，违背了诚实信用原则，应为无效。据此判决驳回平安上海分公司的诉讼请求。平安上海分公司不服一审判决，提起上诉。

上海市高级人民法院二审认为，保险事故、保险责任的索赔和认定通常涉及多起相互关联的诉讼，前一个诉讼先确定被保险人是否承担责任，后一个诉讼才就该责任确定保险公司应否偿付保险金，多个诉讼前后相继。涉案格式条款规定保险赔付要同时满足多项索赔条件，即“司法机关判决+保险期内+通过司法程序要求协助执行”。上述情况都致使投保人、被保险人等发生保险事故后保险索赔难度明显加重，一定程度上排除了投保人、被保险人等依法享有的权利，一审法院对该条款的效力认定并无不妥，据此判决驳回上诉，维持原判。

| 典型意义 |

本案为依法确认无船承运业务经营者保证金责任保险格式条款无效的案例。无船承运业务经营者保证金责任保险制度，是无船承运业务经营保证金的一种替代形式,以保险的形式替代保证金,既减轻了无船承运业务经营者的现金压力,也可起到与保证金类似的效果。当前市场上很多无船承运业务经营者保证金责任保险采用类似格式条款,在保险责任条款中规定了索赔期间,要求索赔权利人必须在保险期间内起诉被保险人,且在保险期间内取得生效裁判文书并申请执行。类似条款为保险理赔设定了明显不合理的条件,实质上免除保险人的主要责任、加重索赔权利人的责任、排除索赔权利人的主要权利。该条款与合同目的明显背离,弱化了无船承运业务经营者责任保险的应有功能。本案判决认定涉案保险条款无效,既在个案中维护索赔权利人的合法权益,也发挥了司法裁判对社会行为的引导功能,对促进无船承运业务规范管理以及无船承运业务经营者保证金责任保险产品的健康有序发展均具有积极意义。

【一审案号】(2017)沪72民初2203号

【二审案号】(2018)沪民终81号

案例 10

申请执行人福安市海洋与渔业局与被执行人陈忠义等海事行政非诉执行案

| 基本案情 |

福建宁德三都湾湿地是福建海湾型滨海湿地的典型代表，被列入《中国湿地保护行动计划》的“中国重要湿地名录”。宁德环三都澳湿地水禽红树林自然保护区是三都湾国家重要湿地的核心部分。陈某某、方某某、黄某某等多人未经海洋行政主管机关批准，擅自占用湿地海域实施围海养殖工程建设，严重侵害自然保护区，导致局部海洋生态系统遭受破坏，被中央环境保护督察组督察反馈列为整改对象。福安市海洋与渔业局于 2016 年 8 月 31 日作出行政处罚决定书，责令陈某某等退还非法占用的海域，恢复海域原状，并处以罚款。陈某某等在法定期限内未申请行政复议和提起行政诉讼。经福安市海洋与渔业局催告后，陈某某等仍拒不履行义务，该局向厦门海事法院申请执行行政处罚决定。

| 裁判结果 |

厦门海事法院认为，福安市海洋与渔业局是依法行使海域使用监督管理职能的行政机关，作出的行政处罚决定书主要证据确凿、认定事实清楚、适用法律正确、行政程序合法，裁定准予强制执行。随后，厦门海事法院启动非诉案件的“裁执分离”机制，确定由福安市海洋与渔业局负责具体组织实施退还海域、恢复原状,同时协调福安市人民政府组织多部门参与联合执法,并参照强制迁退不动产的执行程序,指导制定了《强制退海行动工作预案》《风险防控方案》等执行方案,明确实施强制执行的流程步骤和事前公告、第三人在场见证、执行笔录制作、执法活动视频记录、现场物品(养殖物)造册、保存、移交等工作规范和工作要点。2018 年 7 月 31 日至 8 月 3 日,在法院监督下,相关行政部门组织 1100 余人、挖掘机 12 台,通过四昼夜强制执行,拆除了违建的养殖管理房,在围海长堤上开挖豁口 4 个、拆除闸门 7 座、清除淤泥数万方,引入海水令 352.287 亩被占海域恢复自然状态。以此案为示范和带动,最终将不符合生态自然保护区规划的 170 公顷养殖设施全部清退,实现了滩涂内外水源的有效交换,还原湿地。经定期生态监测,退养还湿后保护区自然生态环境进一步优化,生态物种进一步丰富,生态效益初步显现。

|典型意义|

非法占海、围海、填海是近年来我国近海海洋生态遭受破坏的重要原因,也是海洋污染防治攻坚战中的"痛点"和"顽症"。对责令退还非法占用海域、恢复海域原状的强制执行,由于涉及海域面积广,责任主体人数众多,构筑物拆除、土方清运工程量浩大,往往难以有效实施。人民法院从强化司法审查、严格执行程序和规范执行行为入手,统筹司法和行政资源,缜密组织实施"裁执分离",协调各方力量强力推进执行攻坚,拆塘清淤、退养还湿,还海洋以宁静、和谐、美丽,取得良好的生态效果。本案的圆满执结,为落实习近平生态文明思想中"用最严格制度、最严密法治保护生态环境"的要求,破解涉海洋生态司法"执行难"问题提供了可借鉴、可复制、可推广的样本。同时,通过监督支持海洋行政机关依法行政,健全完善环境司法与行政执法有效衔接机制,指引海事行政机关规范行政执法,提升海洋环境保护法治化水平。

【案号】(2018)闽 72 行审 6 号

非法利用信息网络罪、帮助信息网络犯罪活动罪典型案例

案例 1 黄杰明、陶胜新等非法利用信息网络案

案例 2 谭张羽、张源等非法利用信息网络案

案例 3 赵瑞帮助信息网络犯罪活动案

案例 4 侯博元、刘昱祈等帮助信息网络犯罪活动案

案例 1

黄杰明、陶胜新等非法利用信息网络案

发布有关销售管制物品的信息,情节严重的,构成非法利用信息网络罪

|基本案情|

2017 年 7 月至 2019 年 2 月,被告人黄杰明使用昵称为“刀剑阁”的微信账号,在朋友圈发布其拍摄的管制刀具图片、视频和文字信息合计 12322 条,用以销售管制刀具,并从中非法获利。被告人陶胜新、李孔祥、陶霖、曾俊杰在微信朋友圈发布从他人的微信朋友圈转载的管制刀具图片、视频和文字信息,数量分别为 6677 条、16540 条、15210 条、5316 条,用以销售管制刀具,并从中非法获利。

2018 年 5 月至 7 月,宋雨林(已判刑)先后三次通过微信联系陶胜新,购买管制刀具。陶胜新通过微信与黄杰明联系,由黄杰明直接发货给宋雨林,被告人陶胜新从中赚取差价。宋雨林购得刀具后实施了故意伤害致人死亡的犯罪行为。黄杰明违法所得人民币 329 元,陶胜新违法所得人民币 858 元。

|裁判结果|

江苏省盐城市滨海县人民法院判决认为:被告人黄杰明、陶胜新、李孔祥、曾俊杰、陶霖利用信息网络,发布有关销售管制物品的违法犯罪信息,其行为已构成非法利用信息网络罪。被告人黄杰明、陶胜新归案后,如实供述自己的犯罪事实,构成坦白,且认罪认罚,依法可以从轻处罚。被告人李孔祥、曾俊

杰、陶霖自动投案，如实供述自己的犯罪事实，构成自首，且认罪认罚，依法可以从轻处罚。以非法利用信息网络罪分别判处被告人黄杰明、陶胜新有期徒刑八个月，并处罚金人民币一万元；被告人李孔祥、曾俊杰、陶霖有期徒刑七个月，缓刑一年，并处罚金人民币一万元。同时，禁止被告人李孔祥、曾俊杰、陶霖在缓刑考验期内从事网络销售及相关活动。该判决已发生法律效力。

案例 2

谭张羽、张源等非法利用信息网络案

为实施诈骗活动发布信息,情节严重的,构成非法利用信息网络罪

|基本案情|

2016年12月,为获取非法利益,被告人谭张羽、张源商定在网络上从事为他人发送“刷单获取佣金”的诈骗信息业务,即通过“阿里旺旺”向不特定的淘宝用户发送信息,信息内容大致为“亲,我是×××,最近库存压力比较大,请你来刷单,一单能赚10—30元,一天能赚几百元,详情加QQ×××,阿里旺旺不回复”。通常每100个人添加上述信息里的QQ号,谭张羽、张源即可从让其发送信息的上家处获取平均约5000元的费用。谭张羽、张源雇佣被告人秦秋发等具体负责发送诈骗信息。张源主要负责购买“阿里旺旺”账号、软件、租赁电脑服务器等;秦秋发主要负责招揽、联系有发送诈骗信息需求的上家、接收上家支付的费用及带领其他人发送诈骗信息。

2016年12月至2017年3月,谭张羽、张源通过上述方式共非法获利约人民币80余万元,秦秋发在此期间以“工资”的形式非法获利人民币约2万元。被害人王某甲、洪某因添加谭张羽、张源等人组织发送的诈骗信息中的QQ号,后分别被骗31000元和30049元。

|裁判结果|

江苏省宿迁市沭阳县人民法院一审判决、宿迁市中级人民法院二审判决

认为:被告人谭张羽、张源、秦秋发以非法获利为目的,通过信息网络发送刷单诈骗信息,其行为本质上属于诈骗犯罪预备,构成非法利用信息网络罪。虽然本案中并无证据证实具体实施诈骗的行为人归案并受到刑事追究,但不影响非法利用信息网络罪的成立。谭张羽、张源、秦秋发共同实施故意犯罪,系共同犯罪。在共同犯罪中,谭张羽、张源起主要作用,均系主犯;秦秋发起次要作用,属从犯,依法予以从轻处罚。综合考虑各被告人归案后如实供述罪行以及谭张羽、张源赔偿部分受害人经济损失的情节,以非法利用信息网络罪判处被告人张源有期徒刑二年一个月,并处罚金人民币十万元;被告人谭张羽有期徒刑一年十个月,并处罚金人民币八万元;被告人秦秋发有期徒刑一年四个月,并处罚金人民币三万元。

案例 3

赵瑞帮助信息网络犯罪活动案

为他人实施信息网络犯罪提供支付结算帮助,情节严重的,构成帮助信息网络犯罪活动罪

|基本案情|

被告人赵瑞经营的网络科技有限公司的主营业务为第三方支付公司网络支付接口代理。赵瑞在明知申请支付接口需要提供商户营业执照、法人身份证等五证信息和网络商城备案域名,且明知非法代理的网络支付接口可能被用于犯罪资金走账和洗钱的情况下,仍通过事先购买的企业五证信息和假域名备案在第三方公司申请支付账号,以每个账号收取 2000 元至 3500 元不等的接口费将账号卖给他人,并收取该账号入金金额千分之三左右的分润。

2016 年 11 月 17 日,被害人赵某被骗 600 万元。其中,被骗资金 50 万元经他人账户后转入在第三方某股份有限公司开户的某贸易有限公司商户账号内流转,该商户账号由赵瑞通过上述方式代理。

|裁判结果|

浙江省义乌市人民法院判决认为:被告人赵瑞明知他人利用信息网络实施犯罪,为其犯罪提供支付结算的帮助,其行为已构成帮助信息网络犯罪活动罪。被告人赵瑞到案后如实供述自己的罪行,依法可以从轻处罚。以帮助信息网络犯罪活动罪判处被告人赵瑞有期徒刑七个月,并处罚金人民币三千元。该判决已发生法律效力。

案例 4

侯博元、刘昱祈等帮助信息网络犯罪活动案

为他人实施信息网络犯罪提供开办银行卡帮助，情节严重的，构成帮助信息网络犯罪活动罪

| 基本案情 |

2018 年 5 月 28 日，被告人侯博元、刘昱祈在台湾地区受人指派，带领被告人刘育民、蔡宇彦等进入大陆到银行办理银行卡，用于电信网络诈骗等违法犯罪活动。刘育民、蔡宇彦明知开办的银行卡可能用于电信网络诈骗等犯罪活动，但为了高额回报，依然积极参加。当日下午，抵达杭州机场，后乘坐高铁来到金华市区并入住酒店。当晚，侯博元、刘昱祈告知其他人办理银行卡时谎称系来大陆投资，并交代了注意事项及具体操作细节。5 月 29 日上午，在金华多家银行网点共开办了 12 张银行卡，并开通网银功能。

另，2018 年 5 月 14 日至 18 日，被告人侯博元、刘昱祈以同样的方式在金华市区义乌两地办理银行卡，并带回台湾地区。

| 裁判结果 |

浙江省金华市婺城区人民法院判决认为：被告人侯博元、刘昱祈、蔡宇彦、刘育民明知开办的银行卡可能用于实施电信网络诈骗等犯罪行为，仍帮助到大陆开办银行卡，情节严重，其行为均已构成帮助信息网络犯罪活动罪。以帮

助信息网络犯罪活动罪判处被告人侯博元、刘昱祈有期徒刑一年二个月，并处罚金人民币一万元；被告人蔡宇彦、刘育民有期徒刑九个月，并处罚金人民币五千元。该判决已发生法律效力。

电信网络诈骗犯罪典型案例

案例 1 陈文辉等 7 人诈骗、侵犯公民个人信息案

案例 2 杜天禹侵犯公民个人信息案

案例 3 陈明慧等 7 人诈骗案

案例 4 李时权等 69 人诈骗案

案例 5 陈杰等 9 人诈骗案

案例 6 黄国良等 9 人诈骗案

案例 7 童敬侠等 7 人诈骗案

案例 8 朱涛等人诈骗案

案例 9 邵庭雄诈骗案

案例 10 杨学巍诈骗案

案例 1

陈文辉等 7 人诈骗、侵犯公民个人信息案

| 基本案情 |

2015 年 11 月至 2016 年 8 月，被告人陈文辉、黄进春、陈宝生、郑金锋、熊超、郑贤聪、陈福地等人交叉结伙，通过网络购买学生信息和公民购房信息，分别在江西省九江市、新余市、广西壮族自治区钦州市、海南省海口市等地租赁房屋作为诈骗场所，分别冒充教育局、财政局、房产局的工作人员，以发放贫困学生助学金、购房补贴为名，将高考学生作为主要诈骗对象，拨打诈骗电话 2.3 万余次，骗取他人钱款共计 56 万余元，并造成被害人徐玉玉死亡。

| 裁判结果 |

本案由山东省临沂市中级人民法院一审，山东省高级人民法院二审。现已发生法律效力。

法院认为，被告人陈文辉等人以非法占有为目的，结成电信诈骗犯罪团伙，冒充国家机关工作人员，虚构事实，拨打电话骗取他人钱款，其行为均构成诈骗罪。陈文辉还以非法方法获取公民个人信息，其行为又构成侵犯公民个人信息罪。陈文辉在江西省九江市、新余市的诈骗犯罪中起组织、指挥作用，系主犯。陈文辉冒充国家机关工作人员，骗取在校学生钱款，并造成被害人徐玉玉死亡，酌情从重处罚。据此，以诈骗罪、侵犯公民个人信息罪判处被告人陈文辉无期徒刑，剥夺政治权利终身，并处没收个人全部财产；以诈骗罪判处

被告人郑金锋、黄进春等人十五年至三年不等有期徒刑。

| 典型意义 |

电信网络诈骗类案件近年高发、多发，严重侵害人民群众的财产安全和合法权益，破坏社会诚信，影响社会的和谐稳定。山东高考考生徐玉玉因家中筹措的9000余元学费被诈骗，悲愤之下引发猝死，舆论反应强烈，对电信网络诈骗犯罪案件的打击问题再次引发了社会的广泛关注。为加大打击惩处力度，2016年12月，“两高一部”共同制定出台了《关于办理电信网络诈骗等刑事案件适用法律若干问题的意见》，明确对诈骗造成被害人自杀、死亡或者精神失常等严重后果的，冒充司法机关等国家机关工作人员实施诈骗的，组织、指挥电信网络诈骗犯罪团伙的，诈骗在校学生财物的，要酌情从重处罚。本案是适用《意见》审理的第一例大要案，在罪责刑相适应原则的前提下，对被告人陈文辉顶格判处，充分体现了对电信网络诈骗犯罪分子依法从严惩处的精神。

案例 2

杜天禹侵犯公民个人信息案

|基本案情|

被告人杜天禹通过植入木马程序的方式,非法侵入山东省2016年普通高等学校招生考试信息平台网站,取得该网站管理权,非法获取2016年山东省高考考生个人信息64万余条,并向另案被告人陈文辉出售上述信息10万余条,非法获利14100元,陈文辉利用从杜天禹处购得的上述信息,组织多人实施电信诈骗犯罪,拨打诈骗电话共计1万余次,骗取他人钱款20余万元,并造成高考考生徐玉玉死亡。

|裁判结果|

本案由山东省临沂市罗庄区人民法院一审,当庭宣判后,被告人杜天禹表示服判不上诉。现已发生法律效力。

法院认为,被告人杜天禹违反国家有关规定,非法获取公民个人信息64万余条,出售公民个人信息10万余条,其行为已构成侵犯公民个人信息罪。被告人杜天禹作为从事信息技术的专业人员,应当知道维护信息网络安全和保护公民个人信息的重要性,但却利用技术专长,非法侵入高等学校招生考试信息平台的网站,窃取考生个人信息并出卖牟利,严重危害网络安全,对他人的人身财产安全造成重大隐患。据此,以侵犯公民个人信息罪判处被告人杜天禹有期徒刑六年,并处罚金人民币六万元。

| 典型意义 |

侵犯公民个人信息犯罪被称为网络犯罪的“百罪之源”，由此滋生了电信网络诈骗、敲诈勒索、绑架等一系列犯罪，社会危害十分严重，确有打击必要。本案系被害人徐玉玉被诈骗案的关联案件，被告人杜天禹窃取并出售公民个人信息的行为，给另案被告人陈文辉精准实施诈骗犯罪得以骗取他人钱财提供了便利条件，杜天禹应当对其出售公民个人信息行为所造成的恶劣社会影响承担相应的责任。法院在审理过程中适用“两高”《关于办理侵犯公民个人信息刑事案件适用法律若干问题的解释》相关规定，案件宣判后，被告人认罪服判未上诉，取得了良好的法律效果和社会效果。

案例 3

陈明慧等 7 人诈骗案

| 基本案情 |

被告人陈明慧纠集范治杰、高学忠、叶奇锋、熊运江等人结成诈骗团伙，群发“奔跑吧兄弟”等虚假中奖信息，诱骗收到信息者登录“钓鱼网站”填写个人信息认领奖品，后以兑奖需要交纳保证金、公证费、税款等为由，骗取被害人财物，再通过冒充律师、法院工作人员以被害人未按要求交纳保证金或领取奖品构成违约为由，恐吓要求被害人交纳手续费，2016 年 6 月至 8 月间，共骗取被害人蔡淑妍等 63 人共计 681310 元，骗取其他被害人财物共计 359812. 21 元。蔡淑妍得知受骗后，于 2016 年 8 月 29 日跳海自杀。陈明慧还通过冒充“爸爸去哪儿”等综艺节目发送虚假中奖诈骗信息共计 73 万余条。

| 裁判结果 |

本案由广东省揭阳市中级人民法院一审，广东省高级人民法院二审。现已发生法律效力。

法院认为，被告人陈明慧等人以非法占有为目的，结成电信诈骗犯罪团伙，采用虚构事实的方法，通过利用“钓鱼网站”链接、发送诈骗信息、拨打诈骗电话等手段针对不特定多数人实施诈骗，其行为均已构成诈骗罪。陈明慧纠集其他同案人参与作案，在共同诈骗犯罪中起主要作用，系主犯，又有多个酌情从重处罚情节。据此，以诈骗罪判处被告人陈明慧无期徒刑，剥夺政治权利终身，并处没收个人全部财产；以诈骗罪判处被告人范治杰等人十五年至十一年不等有期徒刑。

|典型意义|

本案作为高考学生被骗后猝死、自杀等重大案件之一，经媒体报道后，舆论高度关注，法院审理过程中适用“两高一部”《关于办理电信网络诈骗等刑事案件适用法律若干问题的意见》规定，以陈明慧组织、指挥电信诈骗团伙，有利用“钓鱼网站”链接、冒充司法机关工作人员、诈骗未成年人、在校学生、造成一名被害人自杀等多个从重处罚情节，在陈明慧实施诈骗既有既遂又有未遂，且达到同一量刑幅度的情况下，以诈骗罪既遂处罚，充分体现了对此类犯罪从严惩处的精神。

案例 4

李时权等 69 人诈骗案

|基本案情|

被告人李时权曾从事传销活动,掌握了传销组织的运作模式,在该模式下建立起 140 余人的诈骗犯罪集团。李时权作为诈骗犯罪集团的总经理,全面负责掌握犯罪集团的活动,任命被告人吴月琼、吴贵飞、闫群霞、闫燕飞、骆金、胡平安等人为主要管理人员,设立诈骗窝点并安排主要管理人员对各个窝点进行监控和管理,安排专人传授犯罪方法,收取诈骗所得资金,分配犯罪所得。该犯罪集团采用总经理—经理—主任—业务主管—业务员的层级传销组织管理模式,对新加入成员要求每人按照 2900 元一单的数额缴纳入门费,按照一定的比例数额层层返利,向组织交单作为成员晋升的业绩标准,层层返利作为对各层级的回报和利益刺激,不断诱骗他人加入该诈骗集团。2016 年 1 月至 2016 年 12 月 15 日期间,该犯罪集团在宁夏回族自治区固原市设立十个诈骗窝点,由多名下线诈骗人员从"有缘网""百合网"等婚恋交友网站上获取全国各地被害人信息,利用手机微信、QQ 等实时通讯工具将被害人加为好友,再冒充单身女性以找对象、交朋友为名取得被害人信任,能骗来加入组织的加入组织,不能骗来的向其索要路费、电话费、疾病救治费等费用,对不特定的被害人实施诈骗活动,诈骗犯罪活动涉及全国 31 个省、自治区、直辖市,诈骗非法所得 920 余万元。

|裁判结果|

本案由宁夏回族自治区固原市原州区人民法院一审，固原市中级人民法院二审。现已发生法律效力。

法院认为，以被告人李时权为首的69名被告人以非法占有为目的，采取虚构事实和隐瞒真相的方式，骗取他人财物，其行为均已构成诈骗罪。本案属于三人以上共同实施犯罪组织的较为固定的犯罪组织，系犯罪集团。李时权对整个犯罪集团起组织、领导作用，是犯罪集团的首要分子，按照集团所犯的全部罪行处罚。被告人吴月琼、骆金、闫燕飞、闫群霞、吴贵飞、胡平安等协助首要分子对整个犯罪集团进行组织、领导、策划，是犯罪集团的骨干分子，系主犯，按照其所参与的或组织指挥的全部犯罪处罚。其他一般犯罪成员按照其在犯罪集团中所起的作用及其个人诈骗数额予以量刑。据此，以诈骗罪判处被告人李时权有期徒刑十四年，并处罚金人民币十万元；以诈骗罪判处被告人吴月琼等人十二年至一年三个月不等有期徒刑。

|典型意义|

本案以被告人李时权为首的69人犯罪集团利用传销模式发展诈骗成员，计酬返利，不断发展壮大，集团内部层级严密，分工明确，组织特征鲜明。该诈骗集团的犯罪手段新颖，利用社会闲散青年创业找工作的想法，以偏远经济欠发达地区作为犯罪场所，在全国范围内不断诱骗他人加入诈骗集团，利用手机微信、QQ等互联网软件，冒充单身女性，以索要交通费、疾病救治费等为名通过网络诈骗不特定被害人钱财，遍及全国31个省、自治区、直辖市，造成了恶劣的社会影响。人民法院在审理过程中，对案件的事实、证据、适用法律、定罪、量刑等方面进行全面审查，最终对各被告人判处相应的刑罚，有力打击了猖獗的电信网络诈骗犯罪，维护了社会秩序，挽回了人民群众财产损失。

案例 5

陈杰等9人诈骗案

|基本案情|

被告人陈杰伙同被告人张振、姚登峰等人于2012年9月在湖北省武汉市成立了“武汉康伴益生科技有限公司”和“武汉益生康伴商贸有限公司”。陈杰等人以合法公司为掩护,在武汉市江岸区和江汉区分别设立两个窝点,组织朱娇娇、夏宗禄、刘琼等一百余名团伙成员实施电信诈骗。该团伙购买电脑、电话、手机等工具后,为每名团伙成员注册微信,统一使用伪造的“马天长”“吕柳荫”等人的图片为微信头像和以“秦小姐的补肾方”“马氏中医补肾方”“吕柳荫膏滋团队”等为微信昵称,专门针对患有各种男女生理疾病或脱发人群,在网站、微信公众号等载体上发布治疗男女生理疾病或治疗脱发的广告,诈骗被害人浏览广告并填写联系电话或添加微信号,之后由团伙成员假扮名医或医疗机构专业人员的亲属、学生,根据“话术剧本”,使用电话或微信对被害人进行“问诊”,向被害人介绍产品,让被害人发送舌苔照和手指甲照片,再以客服名义对被害人进行“问诊”,以“指导老师”“健康顾问”名义与被害人沟通,取得信任后诱骗被害人购买不具有药品功效的保健品或食品。自2016年6月16日至11月1日期间,陈杰、姚登峰、张振组织该团伙成员共计诈骗被害人8945人,诈骗钱款1000余万元。

|裁判结果|

本案由内蒙古自治区达拉特旗人民法院一审,鄂尔多斯市中级人民法院二审。现已发生法律效力。

法院认为，被告人陈杰等人以非法占有为目的，通过虚构事实、隐瞒真相的方式，利用电信网络技术手段，骗取他人财物，数额特别巨大，其行为均已构成诈骗罪。其中，被告人陈杰系共同犯罪中的主犯，应按照其组织的全部犯罪处罚。据此，以诈骗罪判处被告人陈杰有期徒刑十三年，并处罚金人民币四十万元；以诈骗罪判处被告人姚登峰等人十二年至三年不等有期徒刑。

| 典型意义 |

当前，一些诈骗分子利用广大群众特别是一些患有特殊疾病或者中老年群众关注自身身体健康的心理，专门针对这些群体，推销所谓的"药品"或者是不具有药品功效的保健品、食品，骗取巨额款项，社会影响极为恶劣。本案以被告人陈杰为首的诈骗集团成立公司为掩护，专门以各种男女生理疾病人群为目标，通过在网络、微信等载体发布虚假广告，假扮名医利用电话或微信"问诊"，采用扩大病情、发送"成功案例"等手段实施诈骗，受害人遍布全国多地，涉案金额高达 1000 余万元，系特大电信诈骗案件，与本案关联的其他 7 起窝案、串案经依法审理，85 名涉案被告人均以诈骗罪定罪处罚。

案例 6

黄国良等 9 人诈骗案

|基本案情|

被告人黄国良、吴希金、廖以冬、龙昌腾、梁宏卫等人谎称一批"海外要员""海外老人"要回国,每人都有一笔巨额款项要带回大陆发放给老百姓,联系指使童敬侠(另案处理,已判刑)、被告人韩立军等人从事"民族资产解冻大业",并向童、韩二人发送"国际梅协民族资产解冻委员会""中华人民共和国委员会馈赠资金发放证明书""馈赠资金各类收取费用通知""国家外汇管理局中国银行总行证明"等文件,任命童敬侠、韩立军二人为"国际梅协民族资产解冻委员会"总指挥、副总指挥,以有巨额民族资产需要解冻为由,指使童敬侠、韩立军吸收会员收取会员费。自 2015 年 12 月至 2016 年 5 月,童敬侠、韩立军向全国各地人员收取会费并许诺发放巨额"民族资产解冻善款",共向全国数十个省份近百万人次收取会费 6300 余万元,二人将 2800 余万元转账汇入黄国良、吴希金、龙昌腾等人指定的银行账户。

|裁判结果|

本案由内蒙古自治区鄂尔多斯市中级人民法院一审,内蒙古自治区高级人民法院二审。现已发生法律效力。

法院认为,被告人黄国良等人以非法占有为目的,虚构民族资产解冻可获得巨额回报的事实,骗取他人财物,数额特别巨大,其行为均已构成诈骗罪。

其中,被告人黄国良指使龙昌腾、梁宏卫等人冒充其助理给童敬侠、韩立军打电话,并多次使用或指使他人使用涉案银行卡在 POS 机上刷卡套现,系共同犯罪中的主犯。据此,以诈骗罪判处被告人黄国良、吴希金、廖以冬无期徒刑,剥夺政治权利终身,并处没收个人全部财产;以诈骗罪判处被告人龙昌腾等人十五年至四年不等有期徒刑。

| 典型意义 |

"民族资产解冻"类诈骗犯罪早已有之,随着打击力度的加大,此类犯罪的发案率已经大幅下降甚至在一些地方已经销声匿迹,但近年来随着信息技术的发展,此类犯罪又借助现代通信和金融工具进行传播,逐渐演变成集返利、传销、诈骗为一体的混合型犯罪,极具诱惑性和欺骗性。犯罪分子往往抓住被害人以小博大、以小钱换大钱的心理,唆使被害人加入由被告人虚构的所谓"民族大业""民族资产解冻"项目或"精准扶贫"等其他假借国家大政方针和社会热点的虚假项目,允诺被害人可以小投入获得大回报,积极组织和发展会员,以办证费、手续费、保证金等名目骗取他人财物。此类诈骗犯罪迷惑性强、传播速度快,往往在短时间内就能造成众多人员受骗,且涉案金额巨大,严重侵害人民群众财产安全,严重损害政府公信力,严重危害社会安定。被告人黄国良等人作为幕后的策划者、组织者和操纵者,指挥、指使童敬侠、韩立军以代理人身份骗取他人巨额财物并从中获取了巨额钱财,系民族资产解冻类犯罪链条的最顶端,也是打击的重点,人民法院对黄国良等人依法判处重刑,可谓罚当其罪。

案例 7

童敬侠等7人诈骗案

|基本案情|

被告人童敬侠(女)以前曾参与过号称"民族大业"的活动,随着类似活动的演变,从2015年12月开始,有所谓的"海外老人""海外要员"与童敬侠联系,声称海外有三千多亿人民币要发放给老百姓,但不愿意通过政府,想邀请童敬侠具体实施。童敬侠表示同意后,对方发给童敬侠"大陆民族资产解冻委员会总指挥"的任命书。为获取群众信任,童敬侠等人在微信群内散发大量伪造的"任命书""委托书""中央军库派令""梅花令"等身份证明及文件,伪造国务院、财政部、国家扶贫开发领导小组文件,以受中央领导和军委指示及国务院的指派来解冻民族资产为由,对外宣称只要民众交纳报名费、办证费、会员费加入"中华民族大业"组织后,就可以获得等次不同的扶贫款和奖励等高额回报。在童敬侠的领导下,被告人郜玉、张志峰等人先后加入"民族大业"组织,积极从事"解冻民族资产"活动。童敬侠所领导的整个组织实行层级负责制,管理层下设省、市团队负责人,每个团队下设若干大组长,大组长下设小组长,小组长之下就是会员。该组织运行方式为:"海外老人"们的助理将包含"民族资产解冻"内容的宣传资料发送到童敬侠邮箱,管理层人员把项目内容加工整理后以童敬侠名义在手机微信群里发布,要求会员按项目内容交纳几十元、几百元不等的办证费,称在短时间内可获得几十万、几百万不等的高额回报。该组织还以到人民大会堂开会为由收取统一服装费,以公证、转账手续费、保证金等理由收取费用。会员所交的费用由各省市负责人汇总后转款到童敬侠的银行卡上，童敬侠再把款项转到相应项目的“海外老人”助理的银行卡上，“海外老人”及其助理使用 POS 机套现后将资金隐匿。童敬侠所发展的“民族大业”组织遍布全国十多个省市，共骗取他人财物合计 9500 余万元，其中 4800 余万元转入“海外老人”助理的银行账户。

| 裁判结果 |

本案由湖南省桑植县人民法院一审，张家界市中级人民法院二审。现已发生法律效力。

法院认为，被告人童敬侠等人以非法占有为目的，利用“民族资产解冻”的幌子，虚构事实骗取他人财物，诈骗金额特别巨大，其行为均已构成诈骗罪。童敬侠利用虚假的任命身份等文件，以“民族资产解冻”的名义开展各种以小博大的收费活动，在被群众揭穿及公安机关介入后，又编造谎言继续实施欺骗行为，且系犯罪组织的领导者，纠集、支配其他组织成员。据此，以诈骗罪判处被告人童敬侠有期徒刑十三年，剥夺政治权利三年，并处罚金人民币二十万元；以诈骗罪判处被告人张志峰等人六年至三年不等有期徒刑。

| 典型意义 |

本案系被告人黄国良等人诈骗案的关联案件，被告人童敬侠系受民族资产解冻类犯罪代理人，即受幕后组织操纵者黄国良等人的指使，负责推广虚假项目，发展、管理会员，收取钱财的管理人员。各级代理人对幕后组织操纵者言听计从，建微信群、拉人头，大肆发展下线，收取各种名目的费用，沦为诈骗犯罪分子的工具。部分代理人甚至在识破幕后操纵者的骗局后，自行巧立名目，捏造各种虚假项目继续实施诈骗。代理人的存在，对于“民族资产解冻”类诈骗犯罪能够在短时间内迅速层层发展下线，呈裂变式传播，不断扩大涉案被害人规模起到巨大作用，危害后果十分严重，是司法机关依法从严打击的对象。

案例 8

朱涛等人诈骗案

|基本案情|

2013 年 5 月,被告人朱涛出资组建榆林农惠现货交易平台,纠集和聘用被告人艾阳、陈超、姚伟林加入,与代理商勾结,先以可提供所谓的内幕交易信息为由,诱骗客户进入电子商务平台进行交易,后通过指令操盘手,采用抛单卖出或用虚拟资金购进产品的手段,控制产品大盘行情向客户期望走势相反的方向发展,通过虚假的产品行情变化,达到使被诱骗加入平台交易的客户亏损的目的。朱涛等人有时也刻意在客户小额投资后,促其盈利,以骗其投入大额资金,牟取大额客损。2013 年 9 月至 2014 年 2 月期间,朱涛、艾阳、陈超、姚伟林通过上述以虚拟资金操控交易平台的手段,共骗取客户资金 215 余万元。按照事先与代理商约定的比例计算,朱涛、艾阳、陈超、姚伟林从中获得诈骗资金约 75 万元。

|裁判结果|

本案由湖南省南县人民法院一审,益阳市中级人民法院二审。现已发生法律效力。

法院认为,被告人朱涛以非法占有为目的,纠集和聘用被告人艾阳、陈超、姚伟林,利用电子商务平台,操纵农产品行情诱骗客户交易,从客损中获利,数额特别巨大,其行为均已构成诈骗罪。在共同犯罪中,朱涛纠集人员参与犯罪，发起、组织和统筹运作交易活动，艾阳通过给操盘手下达指令控制平台虚拟行情走势，实施欺诈行为，均系主犯。据此，以诈骗罪判处被告人朱涛有期徒刑十四年，以诈骗罪判处被告人艾阳、陈超、姚伟林十一年至四年不等有期徒刑，并处十万元至六万元不等罚金。

|典型意义|

电信网络诈骗案件的犯罪手法隐蔽性强，花样翻新快。本案中，被告人先成立网上交易平台，利用业务员及代理商吸收客户，以提供虚假内幕交易信息为由，骗取客户进入平台交易，当客户高价买入相关农产品后，再指令操盘手运作人为造成跌势，迫使客户低价卖出，以牟取大额客损。此种新型网络诈骗犯罪手段更加隐蔽，迷惑性强，容易使人上当受骗。虽然被告人是借助电子商务平台进行交易，但其行为本质仍在于虚构事实、隐瞒真相，以达到非法占有他人财物的目的，其行为完全符合诈骗罪特征，本案定罪准确。

案例 9

邵庭雄诈骗案

| 基本案情 |

2014 年底，被告人邵庭雄受他人纠集，明知是通过电信诈骗活动收取的赃款，仍然从银行取出汇入上线指定的银行账户，并从中收取取款金额的10%作为报酬。之后，邵庭雄发展张阳作为下线，向张阳提供了数套银行卡，承诺支付取款金额的 5%作为报酬，同时要求张阳继续发展多名下线参与取款。通过上述方式，邵庭雄逐步形成了相对固定的上下线关系。自 2014 年12 月至 2015 年 7 月，被告人邵庭雄参与作案 38 起，涉案金额 48. 44 万元。2016 年 2 月，邵庭雄到公安机关投案。

| 裁判结果 |

本案由湖南省津市市人民法院一审，被告人邵庭雄服判未上诉。现已发生法律效力。

法院认为，被告人邵庭雄以非法占有为目的，伙同他人利用电信网络采取虚构事实的方法，骗取他人财物，数额巨大，其行为已构成诈骗罪。本案系通过拨打电话、发短信对不特定的人进行诈骗，且系多次诈骗，酌情对被告人邵庭雄从重处罚。本案系共同犯罪，在犯罪过程中，邵庭雄仅参与了转移诈骗赃款的过程，起辅助作用，系从犯，可从轻处罚。且邵庭雄有自首情节，可依法从轻处罚。据此，以诈骗罪判处被告人邵庭雄有期徒刑五年三个月，并处罚金人民币五万元。

|典型意义|

围绕电信网络诈骗犯罪,诱发、滋生了大量上下游关联违法犯罪,这些关联犯罪为诈骗犯罪提供各种"服务"和"支持",形成以诈骗为中心的系列"黑灰色"犯罪产业链,如出售、提供公民个人信息、帮助转移赃款等活动。"两高一部"《关于办理电信网络诈骗等刑事案件适用法律若干问题的意见》对于全面惩处关联犯罪作出了明确规定。本案中,被告人邵庭雄明知赃款是诈骗犯罪所得,仍为诈骗分子转移犯罪赃款提供帮助和支持,对其以诈骗罪的共犯判处,体现了司法机关对电信网络诈骗关联犯罪从严惩处的态度。

案例 10

杨学巍诈骗案

|基本案情|

2018年7月,被告人杨学巍伙同他人在海南省儋州市兰洋镇,利用电信网络,实施招嫖诈骗活动。杨学巍等人冒充可上门提供性服务的女性,使用作案微信与被害人聊天,获取被害人信任后,其他同伙负责给被害人打电话并发送二维码诱骗被害人转账付款,诈骗所得款由杨学巍分得20%。通过以上方式,杨学巍共计骗取被害人12696元。

|裁判结果|

本案由海南省儋州市人民法院一审,被告人杨学巍服判未上诉。现已发生法律效力。

法院认为,被告人杨学巍以非法占有为目的,伙同他人通过互联网发布虚假信息,实施诈骗,骗取他人数额较大的财物,其行为已构成诈骗罪。杨学巍在犯罪过程中负责使用作案微信与被害人聊天,并分得诈骗所得款的20%,在共同犯罪中是主犯,且系诈骗累犯,依法应从重处罚。据此,以诈骗罪判处被告人杨学巍犯有期徒刑二年一个月,并处罚金人民币二万元。

|典型意义|

近年来,微信招嫖类诈骗案件在多地发生。作为一种新型的诈骗案件,因案件受害人系招嫖被骗，发案后心存顾虑，多选择吃哑巴亏而不予报案，导致侦破和打击难度加大。此类案件虽然案值不大，但严重败坏了社会风气，对当地治安形势造成恶劣影响。本案的审理体现了人民法院对此类新型诈骗犯罪行为从严打击的决心和力度。

行政协议案件典型案例

案例1　大英县永佳纸业有限公司诉四川省大英县人民政府不履行行政协议案

案例2　蒋某某诉重庆高新区管理委员会、重庆高新技术产业开发区征地服务中心行政协议纠纷案

案例3　成都亿嘉利科技有限公司、乐山沙湾亿嘉利科技有限公司诉四川省乐山市沙湾区人民政府解除投资协议并赔偿经济损失案

案例4　英德中油燃气有限公司诉英德市人民政府、英德市英红工业园管理委员会、英德华润燃气有限公司特许经营协议纠纷案

案例5　王某某诉江苏省仪征枣林湾旅游度假区管理办公室房屋搬迁协议案

案例6　崔某某诉徐州市丰县人民政府招商引资案

案例7　金华市光跃商贸有限公司诉金华市金东区人民政府拆迁行政合同案

案例8　安吉展鹏金属精密铸造厂诉安吉县人民政府搬迁行政协议案

案例9　寿光中石油昆仑燃气有限公司诉寿光市人民政府解除特许经营协议案

案例10　徐某某诉安丘市人民政府房屋补偿安置协议案

案例 1

大英县永佳纸业有限公司诉四川省大英县人民政府不履行行政协议案

——行政协议的定义及相对人不履行行政协议约定义务时行政机关的救济途径

| 基本案情 |

2013年7月,中共四川省遂宁市大英县委为落实上级党委、政府要求,实现节能减排目标,出台中共大英县委第23期《关于研究永佳纸业处置方案会议纪要》(以下简称《会议纪要》),决定对大英县永佳纸业有限公司(以下简称永佳公司)进行关停征收。根据《会议纪要》,四川省大英县人民政府(以下简称大英县政府)安排大英县回马镇政府(以下简称回马镇政府)于2013年9月6日与永佳公司签订了《大英县永佳纸业有限公司资产转让协议书》(以下简称《资产转让协议书》),永佳公司关停退出造纸行业,回马镇政府受让永佳公司资产并支付对价。协议签订后,永佳公司依约定履行了大部分义务,回马镇政府接受了永佳公司的厂房等资产后,于2014年4月4日前由大英县政府、回马镇政府共计支付了永佳公司补偿金322.4万元,之后经多次催收未再履行后续付款义务。永佳公司认为其与回马镇政府签订的《资产转让协议书》系合法有效的行政合同,大英县政府、回马镇政府应当按约定履行付款义务。故诉至法院请求判令,大英县政府、回马镇政府支付永佳公司转让费人民币894.6万元及相应利息。

|裁判结果|

经四川省遂宁市中级人民法院一审，四川省高级人民法院二审判决《资产转让协议书》合法有效，大英县政府应当给付尚欠永佳公司的征收补偿费用人民币794.6万元及资金利息。大英县政府、回马镇政府不服，向最高人民法院申请再审称，《资产转让协议书》系民事合同，若属行政协议，永佳公司不履行约定义务将导致其无法救济，故本案不属于行政诉讼受案范围。

最高人民法院再审裁定认为，界定行政协议有以下四个方面要素：一是主体要素，即必须一方当事人为行政机关，另一方为行政相对人；二是目的要素，即必须是为了实现行政管理或者公共服务目标；三是内容要素，协议内容必须具有行政法上的权利义务内容；四是意思要素，即协议双方当事人必须协商一致。在此基础上，行政协议的识别可以从以下两方面标准进行：一是形式标准，即是否发生于履职的行政机关与行政相对人之间的协商一致；二是实质标准，即协议的标的及内容有行政法上的权利义务，该权利义务取决于是否行使行政职权、履行行政职责；是否为实现行政管理目标和公共服务；行政机关是否具有优益权。本案案涉《资产转让协议书》系大英县政府为履行环境保护治理法定职责，由大英县政府通过回马镇政府与永佳公司订立协议替代行政决定，其意在通过受让涉污企业永佳公司资产，让永佳公司退出造纸行业，以实现节能减排和环境保护的行政管理目标，维护公共利益，符合上述行政协议的四个要素和两个标准，系行政协议，相应违约责任应由大英县政府承担。同时，我国行政诉讼虽是奉行被告恒定原则，但并不影响作为行政协议一方当事人的行政机关的相关权利救济。在相对人不履行行政协议约定义务，行政机关又不能起诉行政相对人的情况下，行政机关可以通过申请非诉执行或者自己强制执行实现协议救济。行政机关可以作出要求相对人履行义务的决定，相对人拒不履行的，行政机关可以该决定为执行依据向人民法院申请强制执行或者自己强制执行。故不存在案涉《资产转让协议书》若属行政协议，永佳公司不履行约定义务将导致行政机关无法救济的问题。据此，最高人民法院裁定驳回大英县政府的再审申请。

案例 2

蒋某某诉重庆高新区管理委员会、重庆高新技术产业开发区征地服务中心行政协议纠纷案

——因行政协议的订立、履行、变更、终止等产生的各类行政协议纠纷均属于人民法院行政诉讼受案范围

| 基本案情 |

2016 年 7 月 12 日,蒋某某不服其与重庆高新技术产业开发区征地服务中心签订的《征地拆迁补偿安置协议》,以重庆高新区管委会为被告向重庆市第五中级人民法院提起诉讼,请求撤销征地服务中心于 2015 年 12 月 25 日与其签订的《征地拆迁补偿安置协议》。

| 裁判结果 |

经重庆市第五中级人民法院一审,重庆市高级人民法院二审认为,行政诉讼法第十二条第一款第十一项规定,人民法院受理公民、法人或者其他组织认为行政机关不依法履行、未按照约定履行或者违法变更、解除政府特许经营协议、土地房屋征收补偿协议等协议提起的行政诉讼。蒋某某起诉请求撤销《征地拆迁补偿安置协议》,其起诉状中所诉理由均系对签订协议时主体、程序以及协议约定和适用法律所提出的异议,不属于行政机关不依法履行、未按照约定履行或者违法变更、解除协议内容的范畴,以蒋某某的起诉不属于人民

法院行政诉讼受案范围为由裁定驳回蒋某某的起诉。

蒋某某不服，向最高人民法院申请再审。最高人民法院经审理后认为，通过对行政诉讼法、合同法及相关司法解释有关规定的梳理，行政协议争议类型，除行政诉讼法第十二条第一款第十一项列举的四种情形外，还包括协议订立时的缔约过失，协议成立与否，协议有效无效，撤销、终止行政协议，请求继续履行行政协议，采取相应的补救措施，请求行政赔偿和行政补偿责任，以及行政机关监督、指挥、解释等行为产生的行政争议。将行政协议案件的行政诉讼受案范围仅理解为行政诉讼法第十二条第一款第十一项规定的四种情形，既不符合现行法律及司法解释的规定，亦在理论上难于自圆其说且在实践中容易造成不必要的混乱。故裁定撤销一、二审裁定，指令一审法院继续审理本案。

案例 3

成都亿嘉利科技有限公司、乐山沙湾亿嘉利科技有限公司诉四川省乐山市沙湾区人民政府解除投资协议并赔偿经济损失案

——2015 年 5 月 1 日之前订立的行政协议纳入行政诉讼受案范围的条件及行政机关不依法履行、未按照约定履行协议之诉讼时效的适用

| 基本案情 |

成都亿嘉利科技有限公司(以下简称成都亿嘉利公司)、乐山沙湾亿嘉利科技有限公司(以下简称乐山亿嘉利公司)向四川省乐山市中级人民法院诉称,2011 年 4 月 1 日,成都亿嘉利公司与四川省乐山市沙湾区人民政府(以下简称沙湾区政府)签署《投资协议》,约定成都亿嘉利公司租赁约 800 亩土地,投资 5000 万元建设以鳗鱼养殖为主并与新农村建设相结合的现代观光农业项目,沙湾区政府负责提供"一站式服务"、为加快项目建设进度和协调相关部门的手续尽快落实。2011 年 9 月 13 日,设立乐山亿嘉利公司,为项目公司。成都亿嘉利公司、乐山亿嘉利公司认为沙湾区政府一直怠于协调其项目行政手续办理事宜,隐瞒土地性质真相,无法办理相关手续,未按照约定履行《投资协议》,直接造成二公司重大损失。为此,诉请解除成都亿嘉利公司与沙湾区政府于 2011 年 8 月 29 日签署的《投资协议》,判令沙湾区政府赔偿二公司经济损失 400 万元。

|裁判结果|

经四川省乐山市中级人民法院一审，四川省高级人民法院二审认为，对于行政诉讼法修改施行之前形成的行政协议，根据当时的法律规定和人民法院处理此类纠纷的通常做法，一般不纳入行政诉讼受案范围，主要通过当事人提起民事诉讼方式寻求司法救济，故依法裁定不予立案。成都亿嘉利公司、乐山亿嘉利公司不服，向最高人民法院申请再审。

最高人民法院经审查认为，案涉《投资协议》符合行政协议本质特征，对形成于 2015 年 5 月 1 日之前的案涉《投资协议》产生的纠纷，当时的法律、行政法规、司法解释或者我国缔结或参加的国际条约没有规定其他争议解决途径的，作为协议一方的公民、法人或者其他组织提起行政诉讼，人民法院可以依法受理。行政协议作为一种行政手段，既有行政性又有协议性，应具体根据争议及诉讼的性质来确定相关的规则适用，在与行政法律规范不相冲突的情况下可以参照适用民事法律规范，故诉讼时效制度可以适用于公民、法人或者其他组织对行政机关不依法履行、未按照约定履行协议提起的行政诉讼案件。本案系因成都亿嘉利公司、乐山亿嘉利公司对沙湾区政府未履行案涉《投资协议》而提起的请求解除协议的行政诉讼，应当参照适用民事法律规范关于诉讼时效的规定，不再适用起诉期限的规定。结合本案案情，成都亿嘉利公司、乐山亿嘉利公司于 2016 年 8 月 31 日提起本案诉讼，并未超过诉讼时效。故撤销一、二审裁定，指令一审法院受理本案。

案例 ④

英德中油燃气有限公司诉英德市人民政府、英德市英红工业园管理委员会、英德华润燃气有限公司特许经营协议纠纷案

——在能源和公共基础设施建设等领域,行政机关将同一区域内独家特许经营权通过行政协议先后授予给不同的经营者,人民法院应当认定该行为属于违约行为,并判决其承担相应法律责任。

| 基本案情 |

2008 年 8 月 20 日,英德市建设局与中油中泰燃气有限责任公司(以下简称中油中泰公司)签订《英德市管道燃气特许经营协议》。同年 8 月 22 日,英德市人民政府向英德市建设局作出批复,同意将该市管道天然气特许经营权独家授予中油中泰公司,期限为 30 年,至 2038 年 8 月 20 日止。中油中泰公司组建英德中油燃气有限公司(以下简称中油公司)负责经营涉案业务。2010 年至 2011 年间,英德市英红工业园管理委员会(以下简称英红园管委会)先后与中油公司签订投资天然气站项目合同、补充协议等协议,就该公司在英红工业园内的管道燃气特许经营权具体实施,包括许可范围、开发建设及经营期限、建设用地等进行约定。

2012 年 9 月 4 日,英德市政府发布管道燃气特许经营权招投标公告。华润燃气投资(中国)有限公司参与招标并中标,并于 2013 年 2 月 20 日与英德

市规划和城市综合管理局签订《英德市管道燃气特许经营协议》，取得包括英红工业园在内的英德管道燃气业务独家特许经营权，有效期限为30年，至2043年2月20日止。该公司随后成立了英德华润燃气有限公司（以下简称华润公司）负责项目经营管理。

中油公司因与华润公司对英红工业园管道燃气特许经营权范围发生争议，向法院起诉，请求：判令英德市政府、英红园管委会继续履行涉案行政协议，授予其在英红工业园内管道燃气的独家特许经营权；判令该政府立即终止华润公司在涉案地域内的管道燃气建设及经营活动。

| 裁判结果 |

经清远市中级人民法院一审，广东省高级人民法院二审认为，涉案合法有效，中油公司享有的特许经营合同权利受法律保护，协议各方应当按照约定履行相关的合同义务。英德市政府作为该管委会这一事业单位的设立机关以及特许经营许可一方，应承担相应合同义务，保障合同履行，但英德市政府又将英红工业园的管道燃气特许经营权授予给华润公司，存在对同一区域将具有排他性的独家特许经营权先后重复许可给不同的主体的行为，应当认定为违法。法院同时认为，该重复许可系行政机关的行政行为所致，并不必然导致在后的华润公司所获得的独家特许经营权无效，华润公司基于其所签订的特许经营权协议的相关合同利益、信赖利益亦应当予以保护。且中油公司、华润公司均已进行了管道建设并对园区企业供气，若撤销任何一家的特许经营权均将影响到所在地域的公共利益。对于重复许可的相关法律后果，应当由行政机关承担，不应由华润公司承担。英德市政府应当采取补救措施，依法作出行政处理，对双方相应经营地域范围予以界定，妥善解决本案经营权争议。故判决：一、确认涉案协议有效，确认中油公司在英红工业园内有管道燃气特许经营权，且不得授予第三方；二、确认英德市政府、英红园管委会将英红工业园内特许经营权授予华润公司的行为违法；三、责令英德市人民政府采取补救措施；四、驳回中油公司其他诉讼请求。

案例 5

王某某诉江苏省仪征枣林湾旅游度假区管理办公室房屋搬迁协议案

——行政协议的订立应遵循自愿、合法原则,被诉行政协议在受胁迫等违背相对方真实意思表示的情形下所签订的,人民法院可依法判决撤销该行政协议。

|基本案情|

为加快铜山小镇项目建设,改善农民居住环境,推进城乡一体化建设和枣林湾旅游产业的发展,2017 年,原仪征市铜山办事处(现隶属于省政府批准成立的江苏省仪征枣林湾旅游度假区管理办公室)决定对包括铜山村在内的部分民居实施协议搬迁,王某某所有的位于铜山村王营组 12 号的房屋在本次搬迁范围内。2017 年 8 月 4 日早晨,仪征市真诚房屋拆迁服务有限公司工作人员一行到王某某家中商谈搬迁补偿安置事宜。2017 年 8 月 5 日凌晨约一点三十分左右,王某某在本案被诉的《铜山体育建设特色镇项目房屋搬迁协议》上签字,同时在《房屋拆除通知单》上签字。2017 年 8 月 5 日凌晨五点二十分,王某某被送至南京鼓楼医院集团仪征医院直至 8 月 21 日出院,入院诊断为"1. 多处软组织挫伤;……"。因认为签订协议时遭到了胁迫,王某某于 2017 年 9 月 19 日向扬州市中级人民法院提起诉讼。

| 裁判结果 |

扬州市中级人民法院一审认为，行政协议兼具单方意思与协商一致的双重属性，对行政协议的效力审查自然应当包含合法性和合约性两个方面。根据合同法第五十四条第二款规定，一方以欺诈、胁迫的手段或者乘人之危，使对方在违背真实意思的情况下订立的合同，受损害方有权请求人民法院或者仲裁机构予以变更或撤销。在签订本案被诉的搬迁协议过程中，虽无直接证据证明相关拆迁人员对王某某采用了暴力、胁迫等手段，但考虑到协商的时间正处于盛夏的 8 月 4 日，王某某的年龄已近 70 岁，协商的时间跨度从早晨一直延续至第二日凌晨一点三十分左右等，综合以上因素，难以肯定王某某在签订搬迁协议时系其真实意思表示，亦有违行政程序正当原则。据此，判决撤销本案被诉的房屋搬迁协议。双方当事人未上诉。

案例 6

崔某某诉徐州市丰县人民政府招商引资案

——行政机关违反招商引资承诺义务，滥用行政优益权的，人民法院不予支持。

| 基本案情 |

2001年6月28日，中共丰县县委和丰县人民政府(以下简称丰县政府)印发丰委发〔2001〕23号《关于印发丰县招商引资优惠政策的通知》(以下简称《23号通知》)，就丰县当地的招商引资奖励政策和具体实施作出相应规定。2003年，在崔某某及其妻子李某某的推介运作下，徐州康达环保水务有限公司建成并投产。后崔某某一直向丰县政府主张支付招商引资奖励未果。2015年5月，崔某某向一审法院提起本案之诉，请求判令丰县政府依照《23号通知》第25条和附则的规定兑现奖励义务。丰县政府在收到一审法院送达的起诉状副本后，其下属部门丰县发展改革与经济委员会(以下简称丰县发改委)于2015年6月作出《关于对〈关于印发丰县招商引资优惠政策的通知〉部分条款的解释》(以下简称《解释》)，对《23号通知》第25条和附则作如下说明："……3. 本县新增固定资产投入300万元人民币以上者，可参照此政策执行。本条款是为了鼓励本县原有企业，增加固定资产投入，扩大产能，为我县税收作出新的贡献，可参照本优惠政策执行。"

| 裁判结果 |

经江苏省徐州市中级人民法院一审，江苏省高级人民法院二审认为，丰县政府作出的上述招商引资奖励承诺，以及崔某某因此开展的介绍行为，符合居间人向委托人报告订立合同的机会或者提供订立合同的媒介服务，委托人支付报酬的特征，具备诺成性、双务性和不要式性的特点。崔某某多次主张丰县政府应当按照《23 号通知》的规定向其支付招商引资奖励未果，由此发生的纠纷属于行政合同争议，依法属于人民法院行政诉讼受理范围。对于本案中丰县政府是否应当支付招商引资奖励费用的问题，要审查其行为有无违反准用的民事法律规范的基本原则。诚实信用原则不仅是合同法中的帝王条款，也是行政协议各方当事人应当遵守的基本行为准则。基于保护公共利益的考虑，可以赋予行政主体在解除和变更行政协议中具有一定的优益权，但这种优益权的行使不能与诚实信用原则相抵触，不能够被滥用，尤其是在行政协议案件中，对于关键条文的解释，应当限制行政主体在无其他证据佐证的情形下任意行使所谓的优益权。本案一审中丰县发改委将《23 号通知》附则所规定的“本县新增固定资产投入”仅指丰县原有企业，追加投入，扩大产能，属于限缩性的解释。该解释与社会公众正常的理解不符。丰县政府通过对当时承诺重新界定的方式，推卸自身应负义务，是对优益权的滥用，显然有悖于诚实信用原则。故应当认为丰县发改委《解释》中的该相关内容无效，判令丰县政府继续依照《23 号通知》的承诺履行义务。

案例 7

金华市光跃商贸有限公司诉金华市金东区人民政府拆迁行政合同案

——行政机关采用签订空白房地产收购补偿协议方式拆除房屋后,双方未能就补偿内容协商一致,行政机关又不作出补偿决定的,人民法院应当判决行政机关限期采取补救措施。

| 基本案情 |

2017年3月4日,原告金华市光跃商贸有限公司法定代表人严某某与被告金华市金东区人民政府设立的多湖中央商务区征迁指挥部签订《多湖中央商务区金华市光跃商贸有限公司房屋及土地收购货币补偿协议》一份,原告同意多湖中央商务区征迁指挥部收购其所有的坐落于金华市金东区浮桥东路88号华丰市场综合楼的房屋。但双方未就房屋的性质、面积及收购的补偿金额等内容进行约定。同日,原告法定代表人严某某作出书面承诺,承诺其本人会积极响应多湖中央商务区开发建设,同意先行拆除华丰市场所有建筑物,自愿承担先行拆除的所有法律效果。次日,多湖中央商务区征迁指挥部对原告所有的华丰市场综合楼实施了拆除。之后,因被收购房屋性质为商业用地、土地性质为工业用地,双方对适用何种补偿标准有争议,一直未就补偿金额协商一致。故原告起诉请求:确认《多湖中央商务区金华市光跃商贸有限公司房屋与土地收购货币补偿协议》无效;请求被告恢复原状并赔偿损失或按现行同类附近房地产价格赔偿原告损失。

| 裁判结果 |

经浙江省金华市中级人民法院一审，浙江省高级人民法院二审认为，建立在平等、自愿、等价、有偿基础上的收购协议，在一定层面上有利于提高旧城改造的效率，并有助于通过合理的价格来对房屋所有权人给予更加充分更加及时的补偿安置，具有现实合理性和可行性。对于原告同意收购、承诺可以先行拆除再行协商补偿款项并已实际预支部分补偿款、行政机关愿意对房屋所有权人进行公平合理的并不低于当时当地同区位同类房屋市场评估价格的补偿安置，且不存在合同法第五十二条等规定的以欺诈、胁迫等手段签订收购协议情形的，不宜完全否定此种收购协议的合法性。故对原告事后要求确认该协议无效的请求，不予支持。同时鉴于协议约定的房屋已被拆除，对原告要求恢复房屋原状的请求，亦不予支持。对于涉案房屋的损失补偿问题，被告应采取补救措施，协商不成的，被告应及时作出补偿的处理意见。遂判决责令被告于本判决生效之日起三个月内对原告所有的案涉房屋的损失采取补救措施；驳回其他诉讼请求。

案例 8

安吉展鹏金属精密铸造厂诉安吉县人民政府搬迁行政协议案

——人民法院审理行政协议案件,在对行政协议进行效力性审查的同时,亦应当对行政机关订立行政协议的行为进行合法性审查,并作出相应裁判。

| 基本案情 |

2012 年 5 月 18 日,中共安吉县委办公室、安吉县人民政府办公室印发安委办〔2012〕61 号文件设立安吉临港经济区管理委员会(以下简称临港管委会)。2013 年 12 月 30 日,安吉县编制委员会发文撤销临港管委会。2015 年 11 月 18 日,湖州振新资产评估有限公司接受临港管委会委托对安吉展鹏金属精密铸造厂(以下简称展鹏铸造厂)进行资产评估,并出具《资产评估报告书》,评估目的是拆迁补偿。2016 年 1 月 22 日,临港管委会与展鹏铸造厂就企业搬迁安置达成《企业搬迁补偿协议书》,约定临港管委会按货币形式安置,搬迁补偿总额合计 1131650 元。协议签订后,合同双方均依约履行各自义务,2017 年 7 月 12 日,展鹏铸造厂以安吉县人民政府为被告提起诉讼,请求判令被告作出的《企业搬迁补偿协议书》的具体行政行为违法应予以撤销,并责令依法与其重新签订拆迁补偿协议。

|裁判结果|

经湖州市中级人民法院一审,浙江省高级人民法院二审认为,行政协议既有行政性又有契约性。基于行政协议的双重性特点,在行政协议案件司法审查中应坚持对行政机关行政协议行为全程监督原则、双重审查双重裁判原则。在具体的审查过程中,既要审查行政协议的契约效力性,又要审查行政协议行为特别是订立、履行、变更、解除行政协议等行为的合法性。本案中,临港管委会系由安吉县人民政府等以规范性文件设立并赋予相应职能的机构,其不具有独立承担法律责任的能力,无权以自己的名义对外实施行政行为,该管委会被撤销后,更无权实施签约行为。虽然安吉县人民政府追认该协议的效力,并不能改变临港管委会签订涉案补偿协议行为违法的事实。但是,涉案补偿协议系双方基于真实意思表示自愿达成,且已经实际履行完毕,补偿协议的内容未并损害展鹏铸造厂的合法补偿权益,在安吉县人民政府对涉案补偿协议予以追认的情况下,协议效力应予保留。故判决确认安吉县人民政府等设立的临港管委会与展鹏铸造厂签订案涉协议的行为违法;驳回展鹏铸造厂要求撤销案涉协议并依法与其重新签订拆迁补偿协议的诉讼请求。

案例 9

寿光中石油昆仑燃气有限公司诉寿光市人民政府解除特许经营协议案

——特许经营协议在履行过程中,出现损害社会公共利益的情形,符合协议解除的法定条件,行政机关可以单方解除特许经营协议并收回特许经营权,但该行为亦应遵循法定程序,给相对方造成损失的,应当依法补偿。

| 基本案情 |

2011 年 7 月 15 日,寿光市人民政府授权寿光市住房和城乡建设局与寿光中石油昆仑燃气有限公司(以下简称昆仑燃气公司)签订《天然气综合利用项目合作协议》,约定由昆仑燃气公司在寿光市从事城市天然气特许经营,特许经营期限为 30 年。协议签订后,昆仑燃气公司办理了一部分开工手续,并对项目进行了开工建设,但一直未能完工。2014 年 7 月 10 日,寿光市住房和城乡建设局发出催告通知,告知昆仑燃气公司在收到通知后两个月内抓紧办理天然气经营许可手续,否则将收回燃气授权经营区域。2015 年 6 月 29 日,昆仑燃气公司向寿光市人民政府出具项目建设保证书,承诺在办理完相关手续后三个月内完成项目建设,否则自动退出授权经营区域。2016 年 4 月 6 日,寿光市人民政府决定按违约责任解除特许经营协议并收回昆仑燃气公司的特许经营权。昆仑燃气公司不服,经复议未果,遂起诉请求确认寿光市人民政府收回其天然气特许经营权的行为违法并撤销该行政行为。

|裁判结果|

经潍坊市中级人民法院一审,山东省高级人民法院二审认为,特许经营协议在履行过程中,出现了损害社会公共利益的情形,符合协议解除的法定条件,行政机关可以单方解除特许经营协议并收回特许经营权,但该行为亦应遵循法定程序,给相对方造成损失的还应当予以补偿。本案中,寿光市人民政府多次催促昆仑燃气公司完成天然气项目建设,但昆仑燃气公司长期无法完工,致使授权经营区域内居民供气目的无法实现,损害了社会公共利益,解除特许经营协议的法定条件成立。寿光市人民政府解除特许经营协议并收回昆仑燃气公司已获得的特许经营权,应依据《市政公用事业特许经营管理办法》第二十五条之规定告知昆仑燃气公司享有听证的权利,但其未能履行相应的告知义务,违反法定程序。因此,被诉行政行为虽然内容合法,但程序违法。鉴于被诉行政行为涉及社会公共利益,该行为一旦撤销会影响城市发展需要和居民供气需求,故该行为应判决确认程序违法但不予撤销。寿光市人民政府对此应采取相应的补救措施,对昆仑燃气公司的合理投入予以弥补。

案例 10

徐某某诉安丘市人民政府房屋补偿安置协议案

——行政协议存在重大且明显违法情形或者适用民事法律规范亦属无效的,人民法院应当确认该协议无效。

|基本案情|

1993 年 12 月,徐某某以非本村集体经济组织成员身份在王五里村购得一处宅基地,并盖有占地 2 间房屋的二层楼房。2013 年,安丘市人民政府设立指挥部,对包括徐某某房屋所在的王五里村实施旧村改造,并公布安置补偿政策为"……房屋产权调换:每处 3 间以上的合法宅基地房屋在小区内安置调换 200㎡楼房,分别选择一套 80㎡、一套 120㎡的十二层以下小高层楼房屋;2 间以下的安置一套 100㎡的小高层楼房。实际面积超出或不足部分,按安置价找差……"。同年 8 月 5 日,指挥部与徐某某签订《产权调换补偿协议书》,该协议第二条约定的补偿方式为"徐某某选择住宅楼回迁,选择住宅楼两套均为十二层以下小高层,户型以 120㎡和 80㎡户型设计……"。协议签订后,徐某某领取房屋及地上附着物补偿款、临时安置费、搬迁费等共计 152984 元。2017 年 7 月,指挥部交付徐建勋一套 100㎡楼房安置。对此,相关部门答复称"根据当时的拆迁政策,徐某某只能享受 100㎡安置房一套。"徐某某不服,遂起诉请求判令安丘市人民政府继续履行《产权调换补偿协议书》,交付剩余的 100㎡楼房。

|裁判结果|

潍坊市中级人民法院一审认为，根据行政诉讼法第七十五条的规定，行政行为有实施主体不具有行政主体资格或者没有依据等重大且明显违法情形的，人民法院判决确认无效。本案中，安丘市人民政府作为旧城改造项目的法定实施主体，制定了安置补偿政策的具体标准，该标准构成签订安置补偿协议的依据，而涉案《产权调换补偿协议书》关于给徐某某两套回迁安置房的约定条款严重突破了安置补偿政策，应当视为该约定内容没有依据，属于无效情形。同时考虑到签订涉案协议的目的是为改善居民生活条件、实现社会公共利益，如果徐某某依据违反拆迁政策的协议条款再获得 100㎡的安置房，势必增加政府在旧村改造项目中的公共支出，侵犯整个片区的补偿安置秩序，损害社会公共利益。因此，根据合同法第五十二条之规定，涉案争议条款关于给徐某某两套回迁安置房的约定不符合协议目的，损害社会公共利益，亦应无效。故徐某某在按照安置补偿政策已获得相应补偿的情况下，其再要求安丘市人民政府交付剩余 100㎡的安置楼房，缺乏事实和法律依据，人民法院遂判决驳回徐某某的诉讼请求。双方当事人未上诉。

人民法院国家赔偿和司法救助典型案例

体现产权保护的国家赔偿典型案例

案例 1 徐万斗申请沈阳市公安局和平分局违法查封、冻结国家赔偿案

案例 2 北京比特时代科技有限公司申请湖南省长沙市望城区公安局刑事违法扣押国家赔偿案

案例 3 重庆英广房地产经纪有限公司申请重庆市公安局九龙坡区分局违法查封国家赔偿案

案例 4 泸州天新电子科技公司、魏振国申请泸州市人民检察院刑事违法追缴国家赔偿案

案例 5 孙夕庆申请山东省潍坊高新技术产业开发区人民法院重审无罪国家赔偿案

体现民生关怀的司法救助典型案例

案例 6 吴振永申请刑事被害人司法救助案

案例 7 王素芳申请刑事被害人司法救助案

案例 8 汪忠友申请民事侵权纠纷司法救助案

案例 9 吴波申请民事侵权纠纷司法救助案

案例 10 张国良等 26 人申请民事侵权纠纷司法救助案

案例 1

徐万斗申请沈阳市公安局和平分局违法查封、冻结国家赔偿案

|基本案情|

2012年12月5日,沈阳市和平区人民法院作出(2012)和刑初字第683号刑事判决,以徐万斗犯非法吸收公众存款罪,判处有期徒刑四年,并处罚金人民币20万元,上缴国库;侦查机关追缴扣押的涉案财产及违法所得,依法返还投资者。沈阳市中级人民法院二审维持原判。2013年7月19日,沈阳市和平区人民法院作出(2012)和刑初字第683号刑事裁定,认定有关资产属于非法集资款或用非法集资款购买的资产,裁定将认定的资产依法追缴,并交付给沈阳市处置非法集资领导小组办公室,依法返还投资者。沈阳市和平区公安分局(以下简称和平公安分局)在该案侦查过程中,除查封、冻结(2012)和刑初字第683号刑事裁定中依法追缴的财产外,还查封了前述刑事判决、裁定追缴财产范围以外的4套房产和中国人寿保险公司的3份保险合同。其中的一份保险合同于2018年8月31日被沈阳市和平区人民法院以(2012)和刑初字第683号查封令冻结了保单权益及孳息。徐万斗刑满释放后,向和平公安分局申请刑事赔偿。

|裁判结果|

沈阳市中级人民法院赔偿委员会经审理认为,本案中,徐万斗非法吸收公

众存款一案所判处的刑罚及依法追缴财产已执行完毕。徐万斗要求返还的4套房产及3份保险合同均不在生效刑事裁决范围内。且和平公安分局不能证明该财产属于违法所得或者应当返还被害人的财产。据此，侦查机关在生效裁决确定范围以外继续查封、扣押的房产及保险合同，没有合法依据，属于侵犯财产权的情形，应依法解除查封、冻结措施。因案涉的一份保险合同现已被沈阳市和平区人民法院冻结，故对该合同相关事宜，应另循法律途径解决，本案不予处理。遂决定由和平公安分局对不在刑事判决、裁定追缴财产范围内的4套房产以及两份保险合同予以解除查封、冻结。

| 典型意义 |

侦查机关在侦查过程中，对涉案财物采取扣押、冻结措施并无不当，但在被告人已被人民法院定罪量刑，且对涉案财物已作出明确认定之后，公权力机关应对涉案财物及时作出相应处置。如对生效刑事裁判未予认定的涉案财物继续查封、冻结，则有可能发生国家赔偿。本案即是一起典型的刑事违法扣押、冻结赔偿案件，其典型意义在于，通过国家赔偿案件的审理，依法维护涉案企业和人员的合法产权，依法严格规范涉案财产的处置，以法治思维、法治方式处理"官民关系"、调和公权力和私权利冲突，一方面救济了受损的合法产权，另一方面也对于公权力机关依法正当行使职权，提出了反向的参照标准，对于同类案件的处理具有示范作用。

（辽宁省高级人民法院提供）

案例 2

北京比特时代科技有限公司申请湖南省长沙市望城区公安局刑事违法扣押国家赔偿案

基本案情

北京比特时代科技有限公司(以下简称比特公司)于 2000 年 6 月成立。2004 年 4 月至 2006 年 11 月,曲铁良任比特公司董事长兼总经理期间,比特公司自主研发了《彩票大赢家》《双色球大赢家》《3D 大赢家》《足彩大赢家》等分析软件,为彩民提供服务。2007 年 5 月 18 日,湖南省长沙市望城区公安局(以下简称望城区公安局)以涉嫌非法经营对曲铁良立案侦查,后该局扣押了比特公司电脑主机 4 台、服务器 6 台、笔记本电脑 1 台、银行卡 12 张及账本、会议记录本等,责令比特公司汇款 27.32 万元至望城区公安局账户暂扣。6 月 1 日,曲铁良被刑事拘留。6 月 28 日,望城区公安局向检察机关提请批捕,检察机关作出不予批准逮捕的决定。7 月 7 日,曲铁良被取保候审。从 7 月 6 日起,望城区公安局陆续将扣押的财物退还比特公司。8 月 9 日至 11 月 6 日期间,望城区公安局共退还比特公司服务器 6 台、笔记本电脑 1 台、银行卡 12 张。2008 年 4 月 23 日,望城区检察院以曲铁良涉嫌非法经营罪对其批准逮捕,并于 4 月 25 日执行逮捕。因其患有心脏疾病,于 4 月 30 日经批准取保候审。2010 年 11 月 18 日,望城区检察院以曲铁良的行为不构成犯罪为由作出不起诉决定。12 月 8 日,望城区公安局将扣押的电脑主机 4 台退还比特公司,同月23日将暂扣款27.32万元退还比特公司。2011年12月,曲铁良、比特公司以望城区公安局错拘错捕、扣押公司及私人财产造成损失为由,向望城区公安局申请国家赔偿。

|裁判结果|

湖南省高级人民法院赔偿委员会经审理认为:第一,望城区公安局在侦查过程中,扣押了比特公司用于经营的电脑主机、服务器、笔记本电脑、银行卡、现金及账本等物品,导致比特公司无法经营,实质上造成了比特公司的停产停业,应按照直接损失给予赔偿房屋租金、水电费、留守职工工资。第二,望城区公安局无法举证证明退还时电脑能正常使用,故从有利于赔偿请求人的角度出发,望城区公安局应赔偿比特公司电脑维修和数据恢复费用。第三,望城区公安局于2007年5月31日扣押比特公司27.32万元,于2010年12月23日退还,应支付相应利息。据此决定由望城区公安局赔偿比特公司房屋租金165000元、电费4590.02元、职工经济补偿80000元、留守职工工资20000元、电脑维修费24800元、被扣押款利息14593.43元,合计308983.45元。

|典型意义|

司法机关在刑事案件办理过程中,虽有权利对涉案财产采取查封扣押冻结等强制措施,但也应同时注意对涉案企业或者犯罪嫌疑人的其他合法权益予以保护,避免由于措施的不当导致涉案企业、人员造成额外的损失。《中共中央国务院关于完善产权保护制度依法保护产权的意见》中明确强调,确需采取查封、扣押、冻结措施的,要严格按照法定程序进行,最大限度降低对企业正常生产经营活动的不利影响。《最高人民法院关于充分发挥审判职能作用切实加强产权司法保护的意见》亦明确指出,应准确把握、严格执行产权保护的司法政策,依法慎用强制措施和查封、扣押、冻结措施,最大限度降低对企业正常生产经营活动的不利影响。因此,在各类诉讼案件的办理过程中,要提倡做到依法公正办案和审慎保护产权的司法执法平衡。本案中,公安机关采取强制措施不当,对企业用于经营的设备等物品予以查封,导致企业无法经营,并造成相关损失,应承担相应的赔偿责任。本案的审理思路和法律适用,对于产权保护类案件,具有一定的示范作用。

(湖南省高级人民法院提供)

案例 3

重庆英广房地产经纪有限公司申请重庆市公安局九龙坡区分局违法查封国家赔偿案

| 基本案情 |

2011 年 7 月 1 日，重庆英广房地产经纪有限公司（以下简称英广公司）分别与重庆鼎利茂业汽车租赁有限公司（以下简称鼎利公司）、广东邦家健康产业超市有限公司（以下简称邦家公司）签订《房屋租赁合同》，将九龙坡区某商业用房负一层、一层出租给前述两公司。因两公司涉嫌非法吸收公众存款，重庆市公安局九龙坡区分局（以下简称九龙坡区公安局）于 2012 年 5 月 15 日决定立案侦查，同日对相关涉案人员进行查处，并对该两公司相关承租场地内的涉案物品及车辆进行就地扣押。因涉案物品不宜移动，九龙坡区公安局将其置于该两公司承租场地内。自 2013 年 5 月 22 日起，九龙坡区公安局将腾退的物资置于英广公司、重庆亚城房屋销售有限公司（以下简称亚城公司）车位内。九龙坡区公安局在使用英广公司、亚城公司物业期间，造成物业管理费、车位租金、水电费等损失。因九龙坡区公安局分别对英广公司、亚城公司的申请作出决定，对其损失不便计算，后经英广公司、亚城公司协商同意，将此部分损失的主张权利单独归为英广公司享有。英广公司遂向重庆市第五中级人民法院申请九龙坡区公安局赔偿损失。

| 裁判结果 |

重庆市第五中级人民法院赔偿委员会经审理认为，九龙坡区公安局在决定对鼎利公司、邦家公司立案侦查后，对上述公司相关承租场地内的涉案物品及车辆进行就地扣押，并将其置于承租场地内的保管，虽然九龙坡区公安局未对上述物业进行查封，但客观上占用该物业，且在查明英广公司与刑事案件无关的情况下，未及时将案涉物业移交给英广公司，给英广公司造成损失，应当承担国家赔偿责任。据此决定由九龙坡区公安局赔偿英广公司 1083300 元。

| 典型意义 |

公权力的行使，往往是一把双刃剑，依法运行可以造福人民，违法行使则可能损害公民和企业的合法权益。党的十八大以来，党中央始终强调要把权力关进制度的笼子，加强对权力运行的制约和监督。本案即是一起因刑事扣押措施不当引发的国家赔偿案件。侦查机关虽未直接查封、扣押赔偿请求人的财产，但客观上占用了其物业，且在查明该公司与刑事案件无关的情况下，未及时将案涉物业移交，属于采取扣押措施不当，应当承担国家赔偿责任。本案的审理结果，对于促进公权力机关严格规范办案程序，依法审慎采取措施，改进办案方式方法，注意保护案外第三人的合法产权等，均具有一定的规范引导作用。

（重庆市高级人民法院提供）

案例 4

泸州天新电子科技公司、魏振国申请泸州市人民检察院刑事违法追缴国家赔偿案

| 基本案情 |

魏振国原系泸州市无线电监测站服务部(以下简称无线电服务部)经理,该服务部于 2002 年 8 月改制为股份合作制的劳服企业,即天新公司,魏振国任该公司董事长兼总经理。无线电服务部自 1993 年起建立账外账(即小金库)资金,1998 年起小金库的收入由魏振国掌管使用。2006 年 4 月,泸州市人民检察院收到纪检部门移送的魏振国涉嫌犯罪线索后,交由该市江阳区人民检察院管辖。根据泸州市江阳区人民法院(2006)江阳刑初字第 183 号刑事判决认定的事实,魏振国于 2004 年 11 月擅自将其保管的本单位资金 20 万元借给他人从事房地产开发,其行为已构成挪用资金罪,泸州市江阳区人民法院据此判决被告人魏振国犯挪用资金罪,判处有期徒刑三年,缓刑四年。被告人魏振国不服,提出上诉,泸州市中级人民法院裁定驳回上诉、维持原判。泸州市人民检察院收到纪检部门移送的魏振国涉嫌犯罪线索后,于 2006 年 7 月 14 日收取了魏振国退交的 20 万元赃款,另于同年 4 月 29 日、6 月 21 日、7 月 3 日向天新公司出具《扣押物品、文件清单》,分别扣押天新公司资金 121.20 万元、15 万元、25 万元。2006 年 7 月 18 日、19 日,泸州市人民检察院分别将上述扣押款项分 161.20 万元、20 万元两笔交至四川省泸州市财政局,该局

《四川省行政罚没收据》处罚摘要注明为“罚没款”。嗣后,天新公司以泸州市人民检察院刑事违法查封、扣押、冻结为由申请国家赔偿。

|裁判结果|

四川省高级人民法院赔偿委员会经审理认为,泸州市人民检察院扣押的天新公司资金 181.20 万元,可分为魏振国退交的 20 万元赃款和扣押天新公司的资金 161.20 万元两部分。就 20 万元资金而言,天新公司系魏振国挪用资金刑事案件的受害人,该 20 万元资金属于天新公司的合法财产,应予返还。就扣押天新公司的资金 161.20 万元而言,其中虽包含魏振国个人保管的账外账(小金库)资金,可能带来违规违法管理资金的相应法律责任,但该资金所有权并未转移,仍然属于天新公司所有,故泸州市人民检察院扣押该资金系错误扣押案外人财产,应予返还,并支付相应的利息。据此决定由泸州市人民检察院返还天新公司扣押资金 181.20 万元,并支付相应利息 18 万余元。

|典型意义|

在司法实践中,严格区分个人财产与企业法人财产,在处置其个人财产时不任意牵连企业法人财产,对于合法保护企业财产权,完善企业产权保护,均具有重要意义。本案中,魏振国个人行为虽构成犯罪,但其对企业相关涉案资金仅为保管,该笔资金所有权并未转移,也不存在视为其违法所得的情形,故检察机关对企业合法财产采取强制措施并予追缴,应认定为追缴案外人的合法财产,应当承担返还及赔偿责任。本案的审理,对于在司法过程中如何确认民事主体的独立人格,如何正确区分企业法人和公民个人财产,如何更加注重企业的产权保护,同时规范司法机关依法行使权力,具有积极意义。

(四川省高级人民法院提供)

案例 5

孙夕庆申请山东省潍坊高新技术产业开发区人民法院重审无罪国家赔偿案

| 基本案情 |

潍坊市公安局高新技术产业开发区分局接群众举报，对孙夕庆涉嫌职务侵占、挪用资金一案立案侦查，于2015年2月3日对其刑事拘留。2015年3月12日，孙夕庆被潍坊高新技术产业开发区人民检察院（以下简称高新检察院）批准逮捕，后被提起公诉。2017年7月11日，潍坊高新技术产业开发区人民法院（以下简称高新法院）作出一审刑事判决，以孙夕庆犯虚开增值税专用发票罪，判处其有期徒刑三年零六个月，并处罚金人民币100000元。孙夕庆提出上诉，检察机关亦提出抗诉。2017年11月22日，潍坊市中级人民法院以原判认定事实不清，证据不足，适用法律不当，诉讼程序违法为由，裁定撤销原判，发回高新法院重新审理。该案重审期间，高新法院于2018年8月2日作出取保候审决定，决定对孙夕庆采取取保候审措施，期限为2018年8月2日至2019年8月1日。2019年5月9日，高新检察院以证据发生变化为由，向高新法院申请撤回对孙夕庆的起诉。同日高新法院作出刑事裁定，准许检察院撤回起诉。孙夕庆不服提出上诉，潍坊市中级人民法院裁定驳回上诉、维持原裁定。2019年7月18日，高新法院决定对孙夕庆解除取保候审。2019年8月12日，高新检察院作出不起诉决定书，决定对孙夕庆不起诉。孙夕庆自被刑事拘留至被采取取保候审措施，共被羁押1277天。2019年8月

21 日,孙夕庆向高新法院申请国家赔偿。

|裁判结果|

高新法院经审查认为,孙夕庆因被该院一审错判有罪,后在该院重审期间,检察机关撤回起诉及嗣后作出不起诉决定,对孙夕庆终止追究刑事责任,依照国家赔偿法及司法解释规定,该院作为赔偿义务机关依法应当向孙夕庆支付被羁押期间的人身自由赔偿金。孙夕庆因长期被羁押,精神受到损害,且因其被判决有罪,日常生活受到较大影响,社会评价降低,应当认定其精神受到损害且造成严重后果。该院作为赔偿义务机关应当在侵权行为影响范围内为其消除影响,恢复名誉,赔礼道歉,并支付精神损害抚慰金。该院据此决定向孙夕庆支付人身自由赔偿金 403455. 38 元;为孙夕庆在侵权行为影响范围内消除影响、恢复名誉、赔礼道歉,并支付精神损害抚慰金 141000 元。该赔偿决定现已生效。

|典型意义|

实践中,有的民营企业家因经济纠纷被羁押,影响了企业的正常经营,也引发了一些企业家对于自己人身和财产安全的担忧。中央经济工作会议明确要求支持民营企业发展,营造良好的营商环境,保护民营企业家人身安全和财产安全。本案中,孙夕庆为高级科研人才,在家乡创办科技企业,因涉及经济犯罪被羁押、判刑,后经司法机关终止追究刑事责任,作为赔偿义务机关的法院依法纠错,主动对给民营企业家造成的人身自由及精神损害予以赔偿,并在相关范围内为其消除影响、恢复名誉,向其赔礼道歉。其典型意义在于,司法机关应当始终坚持实事求是、公正司法的坚定立场和有错必纠、依法纠错的明确态度;对于民营企业、民营企业家,应当始终坚持贯彻落实党和政府关于产权保护的相关法律及政策,在司法的全过程,始终注重实施和传递党和政府关于依法保护产权和企业家人身财产安全的明确信号。

(山东省高级人民法院提供)

案例 6

吴振永申请刑事被害人司法救助案

| 基本案情 |

刑事被告人张尚芝于2011年因犯有寻衅滋事罪,被北京市顺义区人民法院判处有期徒刑十一个月。在该案中,吴振永是证实张尚芝存在犯罪事实的证人之一。后张尚芝因不满吴振永作证,对吴振永进行殴打,并致其轻伤。北京市顺义区人民法院于2014年6月20日作出(2014)顺刑初字第235号刑事附带民事判决书,判决:一、被告人张尚芝犯打击报复证人罪,判处有期徒刑一年十个月;二、被告人张尚芝赔偿附带民事诉讼原告人吴振永各项经济损失共计人民币43793.38元。该判决生效后,吴振永于2014年7月14日向北京市顺义区人民法院申请执行,当时被执行人张尚芝尚在服刑期间。经查询,张尚芝名下无存款,无房产信息,唯一一辆小货车达到报废条件。经向张尚芝服刑的监狱调查,张尚芝入狱后即患脑血栓,生活不能自理。张尚芝出狱后,将其名下小货车予以报废,并将部分报废款5000元交至北京市顺义区人民法院,余款1000元留作其生活费,并表示已无财产可供履行。

| 裁判结果 |

北京市顺义区人民法院经审查认为,案件剩余执行标的为38793.38元,但张尚芝患有脑血栓等疾病,生活不能自理,没有工作能力,无收入,案件已不具备采取其他执行措施的条件。吴振永已76岁,无劳动能力,原无工作单位,无经济来源,生活陷入窘境,符合《最高人民法院关于加强和规范人民法院国家司法救助工作的意见》规定的应予救助情形,遂决定给予吴振永国家司法救助金 38793 元。

| 典型意义 |

依法保障证人权益,解除其后顾之忧,是公民认真履行作证义务、如实反映案件事实的前提和基础。实践中,对证人进行打击报复的现象时有发生,给证人的人身、财产权利造成损失,也严重影响了诉讼活动的顺利进行。吴振永作为刑事案件中的证人,其在证明被告人存在犯罪事实后遭受打击报复致身体伤害,且无法通过诉讼获得赔偿,陷入生活困难。法院在对打击报复人判处刑罚的同时,积极对受到伤害的证人给予司法救助,既让证人真切地感受到法律对其因作证受到伤害,而表现出的惩罚犯罪和抚慰伤痛并重的正当价值取向,也向全社会传递了人民法院力求全方位保障证人合法权益的决心。另外,本案系北京市高级人民法院与北京市顺义区人民法院联动救助的案件,有效缓解了基层法院救助资金不足的困难,体现了司法救助的及时性。

(北京市高级人民法院提供)

案例 7

王素芳申请刑事被害人司法救助案

| 基本案情 |

2014 年 11 月 4 日晚，王素芳家着火。火灾导致王素芳被烧伤，其丈夫王彦文死亡，七间房屋被烧毁。经山西省和顺县公安局消防大队认定，起火原因排除电路故障，排除遗留火种，不排除人为放火。犯罪嫌疑人刘建明因涉嫌放火罪被逮捕。2017 年 5 月 24 日，山西省晋中市中级人民法院经审理后，认为检察机关指控的刘建明犯放火罪事实不清、证据不足，遂判决被告人刘建明无罪，同时驳回附带民事诉讼原告人王素芳等人的诉讼请求。王素芳及其家庭，因被人放火导致七间房屋毁坏，丈夫王彦文死亡，王素芳本人被烧成重伤一级，治疗三年，生活仍不能自理，依靠其女王晶晶全程陪护，家中唯一的经济来源是其子王凯务工所得，但王凯因无固定工作，收入微薄，居无定所，且已负债累累，无力承受家庭重负。因刑事案件无法侦破，王素芳无法通过诉讼获得赔偿，造成生活极度困难。

| 裁判结果 |

山西省晋中市中级人民法院经审查认为，救助申请人王素芳受到犯罪侵害致严重残疾，现因刑事案件无法侦破，无法通过诉讼获得赔偿，生活面临急迫困难，符合《最高人民法院关于加强和规范人民法院国家司法救助工作的意见》规定的应予救助情形，遂决定给予王素芳司法救助金 50000 元。

|典型意义|

司法实践中,刑事被害人及其家属往往难以获得应有的赔偿,不仅无法弥补被害人遭受的人身和财产损害,而且加重被害人及其家属的心理创伤,不利于社会的和谐稳定。本案是刑事案件被害人受到犯罪侵害,致使严重残疾,因案件无法侦破造成生活极度困难的典型案例。因案件无法侦破,申请人王素芳受犯罪行为侵害致严重残疾,无法通过诉讼获得赔偿,家庭生活陷入极度困难。人民法院及时给予司法救助,帮助他们摆脱生活困境,体现了国家司法救助的救急难、扶危困的重要功能,既彰显了党和政府对于弱势群体的民生关怀,又有利于促进社会和谐。

(山西省高级人民法院提供)

案例 8

汪忠友申请民事侵权纠纷司法救助案

| 基本案情 |

汪忠友系带病回乡的退役军人。2016 年 8 月 12 日，两个孩子在汪忠友家屋前玩火，不慎将汪忠友的房屋烧毁。法院判决两个孩子的监护人赔偿汪忠友被烧毁房屋损失 108800 元。在执行和解时，监护人偿付了 61000 元。该案尚有 47800 元难以执行到位，江西省资溪县人民法院裁定执行终结。汪忠友自己失去住房、患有胃癌且没有收入，妻子染病，两个小孩正在读书，家庭生活陷入急迫困难。

| 裁判结果 |

江西省高级人民法院经审查认为，申请人汪忠友因民事侵权案件所面临的上述情形，符合《最高人民法院关于加强和规范人民法院国家司法救助工作的意见》规定的应予救助情形，遂决定给予汪忠友国家司法救助金共 47800 元。

| 典型意义 |

党的十九大以来，党和政府高度重视退役军人的安置和权益保障。人民法院贯彻落实中央决策部署，贯彻军民融合发展战略，促进军政军民团结，通过司法审判活动维护军人军属合法权益。本案中，申请人汪忠友系带病回乡的退役军人,因居住房屋被烧毁,只能借住在亲戚家,其自身及妻子亦患有疾病,无法正常工作,且医疗费用开支较大,生活陷入急迫困难。人民法院决定对其给予司法救助,将司法的人文关怀及时送到退役军人及军属身边,既有效救济了军人军属的合法权益,也让他们在司法案件中感受到国家和社会的温暖,具有良好的政治效果和社会效果。

(江西省高级人民法院提供)

案例 9

吴波申请民事侵权纠纷司法救助案

| 基本案情 |

2014 年 5 月 1 日 17 时 20 分许，被告人杨小海驾驶农用运输车与行人吴波（2008 年 1 月 1 日出生）相撞，吴波被碾压受伤。经鉴定，吴波属重伤一级，杨小海负本次事故的主要责任。杨小海交通肇事一案，河南省罗山县人民法院判决被告人杨小海赔偿附带民事诉讼原告人各项经济损失共计人民币 890025.40 元。执行中查明，被告人杨小海因犯交通肇事罪被判处有期徒刑，于 2015 年 7 月 26 日出狱，目前无工作，除筹借的 20000 元已偿还给吴波之外，经调查未发现其他可供执行的财产，导致该案执行不能。本案申请人吴波因车祸失去右臂和左腿，生活完全不能自理，辍学在家，因经济困难装不上假肢，且因申请人需要专人照顾，其父无法从事其他工作，全家人只有每月 210 元低保维持生计。吴波家庭生活因此陷入急迫困难，其父吴顶国向罗山县人民法院申请司法救助 20000 元。

| 裁判结果 |

人民法院经审查认为，吴波因车祸致严重残疾，生活不能自理，被执行人杨小海无银行存款，无履行能力，赔偿款无法执行到位，以致吴波及其家庭生活陷入急迫困难。因罗山县人民法院救助资金不足，河南省高级人民法院、信阳市中级人民法院、罗山县人民法院启动联动救助机制，分别作出决定，分别给予吴波救助3万元、1万元、1.5万元。

|典型意义|

未成年人是祖国的希望和未来,加强对未成年人的保护,为其提供良好的生活学习环境,对于保障未成年人健康成长、维护社会和谐具有重要意义。人民法院始终高度重视未成年人的权益保障问题。本案中,申请人吴波系未成年人,因车祸失去右臂和左腿,生活完全不能自理,且因被执行人无能力履行,赔偿款无法执行到位,以致吴波及其家庭生活陷入急迫困难。为有效缓解未成年人吴波及其家庭所面临的急迫生活困难,三级法院联动救助,为未成年人吴波提供司法救助金,帮助其暂渡难关,也让其家庭体会到司法的温度和国家的温暖。

(河南省高级人民法院提供)

案例 10

张国良等 26 人申请民事侵权纠纷司法救助案

| 基本案情 |

李绪山于 2014 年将自用小型面包车出售并交付给王安兵，未办理过户登记手续。2017 年 6 月 2 日 9 时许，因车辆严重超员和驾驶员王安兵操作不当等原因，致乘坐在车上的张明文、程开喜等 8 人死亡，王安兵、李初军受轻伤。经交管部门认定王安兵负本次事故的全部责任。陕西省镇巴县人民法院判决被告人王安兵犯交通肇事罪，判处有期徒刑六年三个月，王安兵和李绪山分别赔偿 26 名申请人 1320540. 77 元、565946. 03 元，合计 1886486. 8 元。王安兵和李绪山连带赔偿以上损失。该民事判决生效后，穷尽执行措施仍不能执结案款致各申请人家庭生活困难。26 名申请人于 2018 年 8 月向人民法院提出司法救助申请。

| 裁判结果 |

人民法院经审查认为：被告人王安兵因交通肇事致 7 个农户中的多位青壮年劳动力死亡，依靠这些劳动力收入为主要生活来源的 7 个农户中 26 名近亲属无法通过执行获得赔偿，生活陷入老无所养，幼无所依，基本生活无保障的困难。26 名申请人的司法救助申请符合《最高人民法院关于加强和规范人民法院国家司法救助工作的意见》规定的应予救助条件。因一级法院司法救助金额有限,陕西省高级人民法院、汉中市中级人民法院、镇巴县人民法院启动联动救助机制,决定由三级法院共同给予张国良等 26 人司法救助金共计 1603616 元。

|典型意义|

老人与儿童作为社会特殊群体,缺乏正常的劳动能力和稳定的生活来源,更加需要社会的关爱和帮助。本案中,26 名司法救助申请人大多为交通肇事案件受害人的父母或子女,受害人父母多为古稀之年以上的多病老人,受害人子女多为从婴儿到上初、高中年龄不等的少年儿童。每个家庭中唯一劳动力的丧生,致使这些由受害人赡养和抚养的老人与儿童失去了生活依靠和经济来源,且案件经穷尽执行措施仍无法执结案款,申请人的基本生活难以维系。人民法院及时启动联动救助措施,合力筹措资金 160 多万元,短期内为多个家庭解决了燃眉之急,同时还协调相关部门做好救助后续延伸工作,取得了良好的社会效果,体现了人民法院司法为民的温暖情怀。

(陕西省高级人民法院提供)

图书在版编目(CIP)数据

最高人民法院典型案例汇编.2019. —北京:人民出版社,2020.11
ISBN 978－7－01－022186－1

Ⅰ.①最…　Ⅱ.Ⅲ.①案例-汇编-中国　Ⅳ.①D920.5

中国版本图书馆 CIP 数据核字(2020)第 098055 号

最高人民法院典型案例汇编(2019)
ZUIGAO RENMIN FAYUAN DIANXING ANLI HUIBIAN(2019)

人民出版社 出版发行
(100706　北京市东城区隆福寺街 99 号)

北京虎彩文化传播有限公司印刷　新华书店经销

2020 年 11 月第 1 版　2020 年 11 月北京第 1 次印刷
开本:710 毫米×1000 毫米 1/16　印张:18.75
字数:250 千字

ISBN 978－7－01－022186－1　定价:99.00 元

邮购地址 100706　北京市东城区隆福寺街 99 号
人民东方图书销售中心　电话 (010)65250042　65289539